黄国辉　蔡　铁——主编

锤镰铸标杆

——全国『党建标杆院系』建设的思考与实践

中央编译出版社
Central Compilation & Translation Press

图书在版编目(CIP)数据

锤镰铸标杆:全国"党建标杆院系"建设的思考与实践/黄国辉,蔡铁主编. —北京:中央编译出版社,2020.11

ISBN 978-7-5117-3878-3

Ⅰ.①锤… Ⅱ.①黄… ②蔡… Ⅲ.①中国共产党-高等学校-党的建设-研究-深圳 Ⅳ.①D267.6

中国版本图书馆 CIP 数据核字(2020)第 208802 号

锤镰铸标杆:全国"党建标杆院系"建设的思考与实践

责任编辑	李媛媛
责任印制	刘　慧
出版发行	中央编译出版社
地　　址	北京西城区车公庄大街乙 5 号鸿儒大厦 B 座(100044)
电　　话	(010)52612345(总编室)　　(010)52612335(编辑室) (010)52612316(发行部)　　(010)52612346(馆配部)
传　　真	(010)66515838
经　　销	全国新华书店
印　　刷	佳兴达印刷(天津)有限公司
开　　本	710 毫米×1000 毫米　1/16
字　　数	159 千字
印　　张	14.75
版　　次	2020 年 11 月第 1 版
印　　次	2020 年 11 月第 1 次印刷
定　　价	75.00 元

新浪微博:@中央编译出版社　　　　微　信:中央编译出版社(ID:cctphome)
淘宝店铺:中央编译出版社直销店(http://shop108367160.taobao.com)　(010)55626985

本社常年法律顾问:北京市吴栾赵阎律师事务所律师　闫军　梁勤
凡有印装质量问题,本社负责调换。电话:(010)55626985

《锤镰铸标杆》编委会

编委会主任： 刘　锦　孙　湧
执行主任： 张　武
编　　委： 姚学清　吴跃文　许志良
　　　　　　黄远彬　李云恒　蔡　铁
　　　　　　黄国辉　王寅峰　谭　旭
主　　编： 黄国辉　蔡　铁
撰　　稿： 黄国辉　张雅静　陆模兴
　　　　　　陈亚敏　王永伟　方银萍
　　　　　　王艳伟　花罡辰　何　涛

前　言

习近平总书记强调："坚持从巩固党的执政地位的大局看问题，把抓好党建作为最大的政绩。"① 深圳信息职业技术学院软件学院党总支从党徽中汲取党建工作智慧，跟党徽学党建，以锤镰铸标杆，用"锤头"夯实党建基础，用"镰刀"推进改革创新，经过多年的探索与实践，于 2018 年 8 月获得"广东省党建工作标杆院系"立项，同年 12 月获得首批"全国党建工作标杆院系"立项，成为全国 1400 多所高职院校中首批获此立项的唯一院系党组织。

锤头的纵向思维是"钝功夫"，是做好各项工作的基本功；镰刀的横向思维是"锐功夫"，是开拓创新的能力。深圳信息职业技术学院软件学院党总支用软实力铸造硬功夫，一手抓钝功夫，做好规定动作，把"五个到位"和"七个有力"

---

① 《习近平在党的群众路线教育实践活动总结大会上的讲话》，载《人民日报》，2014 年 10 月 9 日，第 2 版。

像钉钉子一样钉牢；一手抓锐功夫，做好自选动作，打造创新平台，突出特色和亮点，在新时代高校党建示范创建和质量创优工作过程中，在体制机制、经验举措、方法办法创新方面初步形成一套可复制、推广的典型经验。

特别可贵的是，深圳信息职业技术学院软件学院不仅党建工作成为全国标杆，业务工作也成为全国标杆：2019年10月，学校入选教育部"高水平学校建设单位"B档（高职院校前30名），该学院软件技术专业群是其中的"高水平专业群"；2019年8月，学院获教育部首批国家级职业教育教师教学创新团队立项。

本书系统地展示了软件学院党总支关于"全国党建工作标杆院系"建设的理念、做法、成效，值得学习借鉴。

黄国辉　蔡　铁

2020年1月1日

代　序

从"硬功夫打造软实力"到"软实力铸造硬功夫"

——深圳信息职业技术学院走心党建有实效

  2019年5月22日，《光明日报》红船初心特刊发表了记者严圣禾采写的《从"硬功夫打造软实力"到"软实力铸造硬功夫"》，较为翔实地介绍了深圳信息职业技术学院走心开展党建工作的情况。当日，中国共产党新闻网转发了这篇文章。下面是报道的全文——

  从深圳市内走水官高速去龙岗，出口处有几所优美的大学校园。过去，路人总关注左边两所知名的高校——香港中文大学（深圳）和深圳北理莫斯科大学。现在，人们发现马路对面的深圳信息职业技术学院（以下简称深圳信息学院）名气也越来越大。2018年底，深圳信息学院的软件学院入选教育部"全国党建工作标杆院系"培育创建榜单，成为全国高职院校中唯一获此殊荣的高职院系。一个建校仅17年，以培养实用技术人才为主的高职院校，是如何创新抓思政教育取得实效的？

1. 创新：专业课与思政课合而为一

走进软件学院的软件测试教师办公室，几位党员教师和两位学生代表正围坐在一块白板前热烈讨论。该院软件测试党支部正在研究课程思政教学的设计。怎样才能让学生在上专业课的同时，潜移默化地接受思政教育呢？大家从课堂听课、阅读思考、讨论辩论、角色扮演和复习巩固、练习消化、小论文写作、社会实践等不同角度各抒己见。

课程思政，是深圳信息学院思想政治教育的一大创新，主要做法就是在"高站位、小切口、全体系、重实效"的育人工作方略指导下，按照"党建+学习+第二课堂"的育人工作体系设计，首先是通过教学环节、教学知识点精心安排，将党建和思政教育融入课堂学习，让专业课在传授知识的同时也起到思政课的效果。

谈到党建创新，软件学院的党员教师吴险峰通过成立KAB创业俱乐部，总结出一套促进学生成长成才的"三新"工作法。首先是理念新，加强党建对社团的政治引领。KAB创业俱乐部作为一个学生社团不仅成立了党小组，还让党员或入党积极分子成为骨干成员。在党小组和党员骨干们的带动和辐射下，党建的政治引领作用有了实实在在的依托和抓手。其次是思路新，KAB创业俱乐部在开展活动时，注重第一课堂与第二课堂的互通，注重学科特色与第二课堂的有机结合，注重专业内容与思政教育的融合。社团成员们在学科竞赛、创业比赛等活动中，既加深了对专业的理解，也提升了能力，并逐步形成家国情怀、责任意识和团队精神。第三是平台新，在学校各级党委的支持下，吴险峰积极参与构建"互联网+"思政育人平台，依托党员素质肖像小程序、KAB社团公众号等平台，打造出支撑"全国党建工作标杆院系"建设的"金喇叭"。

2. 走心：先突破自我，再改变学生

在深圳信息学院党委书记刘锦看来，搞党建还是要与培养"技能精湛，三商并举，德智体美劳全面发展"的深信学子这一育人目标紧密结合。因此她提出要抓早、抓实、抓小、抓细，要有效解决学生们的痛点，例如学习没动力、行为习惯差、自信心不足等。

"让肚子饱的，不是最后一个包子，而是每一个包子。学习的关键在于日常的积累。"软件学院党总支书记黄国辉说。深圳信息学院打造了独有的"素质银行"，激励学生提升德智体美劳各方面的素质和能力，让学生们自己感受由量变到质变的飞跃。现在，深信学子们都认识到，素质有点像货币，既可积累，还可升值。积累到一定阶段，突破临界点之后，素质便成为财富。

"压垮骆驼的，不是最后一根稻草，而是每一根稻草。"深圳信息学院的老师告诫学生，每个坏习惯都是压垮自己的"稻草"，要成就人生，就必须改变坏习惯，养成好习惯。多年来，深圳信息学院坚持开展"日行一善"活动，还成立了早起训练营、快乐减肥团、相约图书馆等好习惯俱乐部。

说起早起训练营，大家都对发起者方银萍交口称赞。作为辅导员，她发现一些学生晚睡晚起从而导致迟到和旷课，为了从根本上铲除病根，方银萍发起成立了早起训练营。她从自己做起，每天坚持早起，最终带动整个社团都养成了早起的习惯。"立德树人这件事，突破口在教师。我们不能只想着改变学生，首先还是要改变自己。"方银萍说。

3. 融合：党建与业务相辅相成

在学校的走廊里，有一处标语牌刚更换过。原来，这面墙上挂的标语是"硬功夫打造软实力"，现在是"软实力铸造硬功夫"。

刘锦介绍说，深圳信息学院下了很多硬功夫，例如推行以党建领航和改革活校、平台筑校、人才强校、质量立校、科研兴校、开放办校为内容的"1+6"工作法，实施价值引领、课程改革、哲社繁荣、阵地建设、队伍提升、文化育人、智慧思政、党建夯实等"八大工程"，最终打造出思政有实效、党建成标杆的软实力。

不久前，深圳市委常委、宣传部长李小甘，副市长王立新先后到深圳信息学院调研时看到，该校不仅体制机制、人事制度和教学三项改革顺利有效，而且人才培养质量稳步提高，连续三年入选全国高职院校服务贡献50强，初步构建了从专科、应用技术型本科到工程硕士教育的完整应用型人才培养链，招生就业形势喜人。另外，这两年深圳信息学院的科技创新能力也显著提升。2017年国家自然科学基金项目立项数名列全国高职第一。2018年获教育部人文社科研究项目立项4项,总数名列全国高职第二。同时,面向关键领域"卡脖子"问题,学校主动适应从信息化向智能化加速转变的技术与产业发展趋势,已基本完成了面向5G、"AI+"等技术领域的专业布局。

"来到深圳信息学院有一种如沐春风的感觉。"李小甘说,深圳信息学院能够取得如此丰硕的成果,靠的正是抓党建积累起来的软实力,打造党建软实力需要花硬功夫,但党建软实力也能够铸造业务发展的硬功夫。受此启发,深圳信息学院把墙上的标语改成了"软实力铸造硬功夫"。

"只要创新抓思政教育、走心搞党建工作,办学水平必然会得到提高。党建和业务,本来就是相辅相成、融为一体的。"刘锦说。如今的深圳信息学院,在党的全面领导下,以立德树人为根本,以高质量发展为引领,坚持特色化、高端化、现代化办学,以软实力铸造硬功夫,正开启打造中国特色世界水平职业院校的新征程。

严圣禾

2019年5月22日

目　录

绪　论　用锤镰铸标杆　跟党徽学党建 / 1
　第一节　从党徽中汲取党建工作智慧 / 2
　　一、"锤头思维"的运用 / 3
　　二、"镰刀思维"的运用 / 5
　　三、两种思维的叠加 / 7
　第二节　标杆是怎样炼成的 / 9
　　一、攻坚克难破"难点" / 10
　　二、不遗余力解"痛点" / 11

锤 头 篇

第一章　党旗飘起来——实施"党建领航" / 17
　第一节　"三同步"解决"两张皮" / 17
　第二节　党建领航"雷达图" / 18
　第三节　"四抓工作法" / 20
　　一、"四抓工作法"的内涵 / 20
　　二、"四抓工作法"矩阵图 / 21

第二章　机制硬起来——强化"政治引领" / 24

第一节　政治安全"抓三头" / 25
一、抓"苗头" / 25
二、抓"头头" / 25
三、抓"人头" / 26

第二节　学生社团"把三关" / 26
一、把方向关："一社双导" / 27
二、把队伍关："一社三雄" / 27
三、把活动关："一社一品" / 27

第三节　舆情管控"全覆盖" / 28
一、有限覆盖定理 / 28
二、三级"网格+"覆盖机制 / 29
三、全覆盖疏导系统 / 30

第四节　重大决策"讲政治" / 30

第三章　党员动起来——抓好"双带头人" / 32

第一节　立规矩：让习惯符合规范 / 32
一、做好顶层设计 / 33
二、开展结对活动 / 33
三、强化质量提升 / 34

第二节　建轨道：让规范成为习惯 / 35
一、"思想先进"看学习 / 35
二、"业务过硬"看业绩 / 36
三、"乐于奉献"看服务 / 36

第三节　抓样板：让示范引领习惯 / 37

一、支部书记"双带头" / 37
　　二、党建活动多姿多彩 / 38
　　三、教学科研业绩突出 / 39

第四章　台账建起来——帮扶"特殊群体" / 40
　第一节　七种学生特殊群体的由来 / 41
　　一、五种学生特殊群体的提出 / 41
　　二、新增两种学生特殊群体 / 42
　第二节　心理有困惑学生的帮扶 / 44
　　一、高职学生常见心理问题 / 44
　　二、心理危机干预个案分析 / 45
　第三节　顺从型性格倾向学生的帮扶 / 47
　　一、和"校园贷"说拜拜 / 47
　　二、"滑坡效应"与校园贷 / 49
　　三、顺从型性格倾向与校园贷 / 51
　第四节　家庭有异常学生的帮扶 / 53
　　一、缺失父爱（母爱）的学生 / 53
　　二、隔代抚养长大的学生 / 54
　　三、具体帮扶措施 / 56

第五章　效能提起来——推行"工作清单" / 58
　第一节　学习"华为工作法" / 58
　第二节　有"数"的工作清单 / 60
　　一、挂图作战——甘特图的运用 / 61
　　二、"三量"模式双周工作清单 / 62
　　三、"相似对比法"算出的高效 / 67

第三节　绩效快递（以"辅导员素质银行"为例）/ 68
　　一、行动力+思考力=高素质 / 68
　　二、数据逼出潜力 / 69
　　三、时效决定绩效 / 70

镰 刀 篇

第六章　提素养——画好"党员素质肖像"/ 75
　第一节　"党员素质银行"应运而生 / 75
　　一、党员素质是否可以量化（积分）/ 76
　　二、为什么建"党员素质银行" / 76
　　三、怎样运行"党员素质银行" / 77
　　四、"党员素质银行"好在哪里 / 77
　　五、"党员素质银行"积分办法 / 77
　第二节　"党员素质肖像"崭露头角 / 80
　　一、小程序也能大作为 / 80
　　二、"行为"与"画像"互联 / 82
　　三、个性化的"智慧党建" / 82
　第三节　"党员素质肖像"迭代升级 / 84
　　一、小程序进入课程思政 / 84
　　二、送礼就送"小程序" / 86

第七章　挖潜能——创建"职业素质银行"/ 88
　第一节　缘起：从军训管理积分到素质银行 / 88
　第二节　改进：从纸质版存折到电子版表格 / 91

第三节　完善：增加"职业指导"功能 /95
第四节　升级：开发第二个微信小程序 /101
第五节　展望：创新职业生涯规划路径 /103

第八章　破难点——构建"思政四位一体" /106

第一节　"四位一体"的逻辑建构 /107
第二节　"活动思政"的初步探索 /108
　一、"活动思政"的提出 /108
　二、从思政活动到"活动思政" /109
　三、"活动思政"怎么做 /112
第三节　"课程思政"的实践案例 /115
　一、课程德育目标 /115
　二、课程思政教育内容 /116
　三、典型案例 /120

第九章　抓燃点——开展"四大特色活动" /121

第一节　红色运动会 /121
第二节　"日行一善"活动 /123
第三节　暖话警句征集 /124
第四节　"职业影子日"活动 /126

第十章　解痛点——成立"好习惯俱乐部" /128

第一节　你的"痛点"就是我的工作重点 /128
第二节　学生社团中的"航空母舰" /130
第三节　早起训练营让懒人早起 /132
　一、懒人知多少 /132

二、唤醒沉睡灵魂 / 132

三、产生蝴蝶效应 / 133

第四节 这方法能帮你减肥 / 135

一、传统减肥法的两个误区 / 136

二、开出科学减肥处方 / 137

三、凭什么说100%成功 / 143

第五节 放下手机"相约图书馆" / 144

一、蔓延的手机依赖症 / 145

二、放下手机走进图书馆 / 145

三、从此"爱上"图书馆 / 148

第六节 睡眠不是个小问题 / 149

一、谁动了夜猫的睡眠 / 149

二、按时作息是第一行动力 / 151

三、"早睡马拉松"在行动 / 152

金色硕果篇

第十一章 显活力——党建领航作用凸显 / 157

第一节 辐射带动 / 157

一、视察：我在这里发现了"钻石" / 158

二、媒体：党建领航为创新发展注入"源头活水" / 158

三、展厅：接待百所高校同行参观交流 / 159

四、项目：相关经验在部分高校分享 / 160

第二节 强化提升 / 161

一、获评"全国活力团支部" / 161

二、晋级"全国高校百强创业社团" / 163

三、社会实践精彩纷呈 / 164

第三节　党建与业务深度融合 / 167

一、"三大工程"助力党建业务融合 / 167

二、"双带头人"发挥引领作用 / 169

第十二章　达"双高"——教学科研全国领先 / 172

第一节　夺"双高"成就"双标杆" / 173

一、打造高水平 AI 产业学院 / 174

二、建设一流教学资源条件 / 175

三、开展高水平的辐射服务 / 176

四、建设高水平实验科研平台 / 177

第二节　荣获国家级教师教学创新团队 / 178

一、切实加强教师队伍建设 / 179

二、打造一流专兼师资团队 / 179

三、产出高水平教科研成果 / 181

第十三章　培沃土——竞赛创新成绩斐然 / 184

第一节　实践创新条件日趋完善 / 185

一、一流的第一课堂实践创新条件 / 185

二、极具特色的第二课堂实践创新条件 / 187

三、日趋完善的实践创新培育制度 / 189

第二节　创新教育成果丰硕 / 190

第三节　技能竞赛摘金夺银 / 192

第十四章 出"明星"——就业创业永不谢幕 / 195

第一节 就业质量报告 / 195

一、毕业生就业数据 / 196

二、毕业生就业区域及就业单位情况 / 196

三、毕业生创业情况 / 198

第二节 就业明星的故事 / 199

温勇超：从团学主席到运营总监 / 200

张明进：生活部部长的职场感悟 / 202

蔡明鹏：学生党员的成长之路 / 204

第三节 创业达人的故事 / 205

林中都：从学霸到创客 / 206

张华楗：从社团社长到创业者 / 208

李泽彬：比赛中走出的创业路 / 211

主要参考文献 / 214

后　记 / 217

绪　论

用锤镰铸标杆　跟党徽学党建

做事情先要有好的想法，然后把好的想法实现为好的做法。想法好不好，取决于想法能否"落地"为做法，不切实际、不解决问题的胡思乱想不是好的想法；做法好不好，则需要看实施效果。

好的想法由"三念"组成，即厘清概念、创新理念、坚定信念。党建工作标杆院系建设，需要对"标杆"概念有清晰的理解，在此基础上形成正确、科学、先进的工作理念，并按照这个理念坚定不移地走下去，在机制、举措、方法上形成一套可复制、推广的典型经验。

高校二级学院党建、思想政治工作怎么做？如何解决党建工作"上热中温下冷"问题？深圳信息职业技术学院软件学院（以下简称软件学院）党总支在实践中执着求索，他们发现：党徽中就蕴含着党建工作理念！

第一节　从党徽中汲取党建工作智慧

锤头和镰刀既是劳动工具，也是斗争武器，还可以理解为不同的思维方式。如果不局限于它们在党徽图案中的特定意义，从不同角度看，锤头、镰刀的含义可以有不同解释。

中国共产党党徽是由镰刀和锤头组成的图案，图案为金黄色。锤头、镰刀代表工人和农民的劳动工具，象征着中国共产党是中国工人阶级的先锋队，代表着工人阶级和广大人民群众的根本利益。金黄色象征光明。

在现实生活中，锤头是钝器，是用来敲击的（如钉钉子），是工人做基础性工作的工具，也是家庭常用工具之一；镰刀是锐器，是用来收割的（割稻子、割麦子），是农民收获劳动成果的工具。

从思维角度看，锤头是纵向思维、收敛思维，是按照某种固定的思维模式、点对点突破、集中聚焦解决问题的思维方式，适用于基础工作；镰刀是横向思维、发散思维，是以结果（成果）为导向、不拘一格、快刀斩乱麻、快速彻底解决问题的思维方式，适用于攻坚克难。而党徽图案的金黄色，在本书中引申为用上述两种思维指导实践辛勤耕耘结出的累累硕果。

"斧头劈开新世界，镰刀割断旧乾坤。"1933年9月，红三十军政治部在四川达县一座宅院门楼两旁的石柱上錾刻了这副气势恢宏、形象生动的联语，巧妙嵌入"镰刀斧头"（当时的党徽图案由镰刀、斧头组成），宣传了中国共产党的革命宗旨,彰显了红军的英雄气概。① 如今软件学院党总支与时俱进,提出"跟党徽学党建"的工作理念,主张:锤头夯实基础,镰刀推进创新。

一、"锤头思维"的运用

习近平总书记多次在讲话中提到"钉钉子精神",在《推进党的建设新的伟大工程要一以贯之》中,他强调:"要发扬求真务实、真抓实干的作风,以钉钉子精神担当尽责,树立'功成不必在我'的境界,一件事情接着一件事情办,一年接着一年干,脚踏实地把既定的行动纲领、战略目标、工作蓝图变为现实。"②

锤头思维就是要弘扬"钉钉子精神",把党建工作一件接着一件做实。锤头思维是钝功夫,它强调重复、坚持,是一种"水滴石穿"的力量,是"十年磨一剑"的硬功夫,是通过量变引起质变。

党建基础工作特别需要这种千锤百炼的硬功夫。练硬功夫需要耐力、意志力,需要甘于平凡、甘于奉献,需要耐得住寂寞、经得起挫折。软件学院有不少这种"十年磨一剑"的案例,"素质银行"的创建就是其中的典型案例。

"素质银行"于 2011 年 11 月发起,起初只是一个关于军

---

① 王文运、牛梦岳:《中国共产党党徽演变的几个细节》,载《人民政协报》,2016 年 7 月 21 日。
② 《习近平关于"不忘初心、牢记使命"论述摘编》,北京:党建读物出版社、中央文献出版社 2019 年版,第 240 页。

训管理的积分办法,后来扩展到学生管理的各个方面,包括"行"与"知"两大支行,共56个积分点。经过几年的实践,"素质银行"于2014年5月获评广东省第二届高校学生事务管理精品项目。

此后,素质银行的理念先后被运用于辅导员管理、党员管理,建立了"辅导员素质银行""党员素质银行"。同时,这两个素质银行也遭到了质疑:数字是冰冷的,人是需要温暖的,数字化管理是不是太冷酷了?

对此,"素质银行"发起人黄国辉同志做了耐心的解读:数字有时是冰冷的,有时是温暖的,孰冷孰暖,取决于数字的含义和人们的心态。举个例子,假如你现在的月薪是9000元,把这个数字去掉一个0得到900元,你一定觉得冰冷;但把这个数字添加一个0得到90000元,你一定觉得很温暖。所以,不能说"数字是冰冷的",当然也不能说"数字是温暖的"。数字本身并没有温度,就像一个杯子,人们不在乎空杯子的温度,在乎的是杯中水的温度——水的温度就是杯子的温度。同样的道理,"党员素质银行"里的数字是冰冷的还是温暖的,取决于党员自身对工作的态度——以火热的心情投入工作,它就是温暖的;以沮丧的心情对待工作,它就是冰冷的。

功夫不负有心人。"素质银行"的探索与实践取得了更进一步的成果,研究论文《基于素质银行的高校辅导员职业能力模型创新研究》在全国中文核心期刊《学校党建与思想教育》2014年第24期上发表。"党员素质银行"也于2018年4月被评为教育部第二届全国高校"两学一做"支部风采展评之"教工党支部特色工作案例优秀作品"。

二、"镰刀思维"的运用

"镰刀思维"是锐功夫，它强调攻坚克难、开拓创新的能力。开拓创新需要前瞻性、创造力，需要敢闯、敢试，需要开阔的视野，需要学校党委领导提出的"把不可能变可能"的精神。

先看一个数学例子：在三个0之间加入运算符号，使其运算结果等于6。

乍一看，这怎么可能？$0+0=0$，$0-0=0$，$0\times0=0$，而$0\div0$没有意义，所以无论怎么加运算符号，其结果都是0，不可能是6。

但是，这个问题确实有解。人们需要克服思维定势，运算符号只有+、-、×、÷四种吗？如果想到了阶乘"!"，知道"$0!=1$"和"$3!=1\times2\times3=6$"，则立即把不可能变成可能：$(0!+0!+0!)!=6$。

由此可见，在做一件事的时候（尤其是开始起步的时候），一定不要轻言"不可能"，一定要全力以赴，否则即便可能也变成了不可能。

人们在追求卓越的过程中，首先要解放思想，不受思维定势的影响；其次要有"推石上山"的勇气，并且坚定必胜的信念。

具体怎么做呢？他们认为，关键在于做好"三事"：做别人压根没想到的事；做别人想到但没做到的事；做别人做到但没做好的事。

做别人压根没想到的事很难。咱们能想到的，别人也能想到，但咱们可以努力做到两点——做早一点，做多一点。例如"两学一做"，别人可能只是照着文件亦步亦趋，他们多做了一点，构建了一个"党员素质银行"，把"两学一做"的要求全都体现在这个积分系统里，并把"党员素质银行"作为"两学一做"教育活动的长效机制，一直坚持下去。

做别人想到但没做到的事不难。主要是把"为人民服务"的思想和"勤政为民"的意识落实到行动上，只要爱心满一点、勤奋多一点、行动力强一点，想到就能做到。他们这方面的经验比较多，在软件学院，只要是有益于立德树人、有益于学生成长的事，学院党政领导、老师们、辅导员们以及各级学生组织都会义无反顾、不厌其烦、雷厉风行地去做。例如"日行一善、成就一生"主题教育活动，"学红军精神、铸体商之魂"红色运动会，真人"跳一跳""穿越火线"挑战赛，校园暖话警句征集，"职业影子日"等活动，他们都做得很漂亮，这些活动已经成为深圳信息职业技术学院校园文化活动的经典。

做别人做到但没做好的事难度比较大。这其实是啃"硬骨头"，是锦上添花，是追求卓越。他们的经验是知难而上，"软实力铸造硬功夫"，注重把每项工作、每个项目的"最后一公里"都做实，决不允许浅尝辄止、半途而废。仍以"素质银行"体系的构建为例，他们没有满足于获得的"精品项目""优秀作品"等荣誉，而是开拓进取、精益求精。2019年，他们将"素质银行"改造升级，先后自主开发了"党员素质肖像"微信小程序和"职业素质银行"微信小程序。两个小程序已经上线,受到软件学院师生的欢迎和好评,并引起前来参观交流的各兄弟院校同行的兴趣和关注,正在产生辐射效应。

"素质银行"体系的构建,经历了一个漫长的发展过程:服务群体由大学生、辅导员到中共党员,载体形式从小存折、电子表格到微信小程序,辐射面由院内、校内到校外(如汕尾职业技术学院),前后历经了近10年时间。这个过程充分体现了他们改革创新的风格:不是到处"种树",而是"老树发新芽",让它长成参天大树。

三、两种思维的叠加

党建中的许多工作不是单纯地运用"锤头思维"(纵向思维),或单纯地运用"镰刀思维"(横向思维)就能做好,更多情况下需要综合运用两种思维方式才能很好地完成。标杆院系建设的"五个到位",既要用"锤头"夯实基础,像敲钉子一样钉牢;又要用"镰刀"推进创新,凸显特色和亮点。

(一)落实"党组织领导和运行机制到位"

锤头思维:实施"领航工程",通过党总支会议和党政联席会议,促进党建工作与业务工作同步谋划、同步部署、同步考核,实现党建工作与业务工作深度融合,彻底解决党建工作与业务工作"两张皮"问题;实施"先锋工程",引导党组织"争创党建先进"、教师党员"争做育人标兵"、学生党员"争做成才表率",充分发挥党支部战斗堡垒作用和党员先锋模范作用。

镰刀思维:实施"聚力工程",将党建纳入校企合作范畴,建立"党建工作资源校企共建共享"机制,校企双方定期交流党建工作经验,联合开展党组织生活、主题党日活动等,促进学校了解企业用人情况、企业了解学校育人模式,实现校企双方党建工作资源共建共享,党建、业务工作双促双赢。

(二)落实"政治把关作用到位"

锤头思维:抓"苗头",把问题解决在萌芽状态;抓"头头",管好关键少数和敏感人群;抓"人头",一个不漏,覆盖全院师生。

镰刀思维:对学生社团实行"一社双导"(每个社团配备政治、业务两名指导老师)、"一社一品"(每个社团至少打造一个"活动思政"品牌),增强了社团活力,激发了学生潜能,维护了政治稳定。

(三)落实"思想政治工作到位"

锤头思维:围绕立德树人这一根本任务,遵循校党委提出的"高站位、小切口、全体系、重实效"12字育人工作方略,构建了体商、情商、智商"三商"并举的育人"立交桥",培养德智体美劳全面发展的人才。

镰刀思维:在第一课堂开展"课程思政"实践,在第二课堂创新开展"活动思政",树立一批标杆课程、标杆活动。

（四）落实"基层组织制度执行到位"

锤头思维：严格按照上级党组织制定的标准和要求建设好党支部，做好"三会一课""两学一做"等基础性工作。

镰刀思维：为"两学一做"量身定制，建立了"党员素质银行"，并升级为"党员素质肖像"微信小程序，实现党建学习、党建活动、党建管理、党建服务、党建考核等工作的信息化、便捷化、可视化。

（五）落实"推动改革发展到位"

锤头思维：注重党员队伍、教师队伍、辅导员队伍建设，提升队伍的行动力、战斗力，保障落实人才培养目标，全方位提高人才培养质量。

镰刀思维：以业绩为导向，注重标志性成果的数量和质量，绩效考核实行定性考核与定量考核相结合。

第二节　标杆是怎样炼成的

2019年4月24日，深圳信息职业技术学院党委举行"全国党建工作标杆院系"立项媒体见面会，《光明日报》《南方日报》《深圳特区报》等十几家媒体应邀到会，对软件学院"全国党建工作标杆院系"建设给予多视角报道，以下是软件学院党总支书记黄国辉在会上的发言内容。

对"标杆"这个词，我们的理解是：标，标志性成果；

杆,杠杆原理。标志性成果,不仅限于党建、思政方面的成果,还包括教学科研、人才培养等方面的成果,即以党建、业务"双标杆"为目标。杠杆原理,是指以政治建设为支点,以"素质银行"为杠杆,用党建工作撬动业务工作。用深圳市委常委、宣传部部长李小甘同志的话来说,就是"软实力铸造硬功夫"。

我们凭什么是"标杆"?刚才各位记者参观软件学院成果展时,讲解员讲了六个方面的原因:领导重视,群策群力,好的理念,新的载体,实的抓手,突出成果。这里我做两点补充。

一、攻坚克难破"难点"

党建工作的突出难点是:如何解决党建工作与业务工作"两张皮"现象?我们有多种解法:

解法一:通过党政联席会议、党总支委员会等制度,确保党建工作与业务工作同步谋划、同步部署、同步考核。"三同步"既突出党建领航作用,又实现党建工作与业务工作的双融双促。

解法二:在第一课堂这个主阵地,要求教师党员在"立德树人"方面起带头作用,大力推行"课程思政"。

解法三:在第二课堂这个大舞台,我们按照校党委的部署,创造性地开展内涵更丰富、辐射面更广、实效性更强的"活动思政"。今天举行的"穿越火线"挑战赛,就是"活动思政"的鲜活案例。

我们还有一个特色做法：2016 年开始实施"党员素质银行"，现在用微信小程序升级为"党员素质肖像"，目前正在试运行阶段。这个小程序由软件学院院长蔡铁教授、副院长王寅峰副教授亲自担任专业指导，由我们自己培养的学生自主开发。"党员素质肖像"微信小程序的开发、运行，本身就是党建工作与业务工作的完美融合。

二、不遗余力解"痛点"

我们通过调研发现，高职学生普遍存在三大"痛点"：学习动力弱、行为习惯差、自信心不足。我们秉承"因材施教"原则，针对不同的痛点问题，采取不同的对策，取得了明显的成效。

痛点一：学习动力弱

大实话：填饱肚子的，不是最后一个包子，而是每一个包子。

这句话涉及一个有趣的吃包子故事。古时候有一个人饥饿，一连买了 6 个包子，吃完后还觉得不够饱，于是就买了第七个，刚吃了一半就饱了，于是他很后悔，说："前 6 个包子都白吃了，如果早知道这半个包子就能吃饱，我只吃这半个包子就行了。"

理念：没有积累的学习是无效的；素质是更重要的财富。

我们告诫学生，素质不是货币，但素质像货币一样具有储蓄、增值两大功能。素质的提升重在始终如一的坚持、积累，积累到一定阶段，突破临界点之后，素质便成为财富。

解法：建立"素质银行"，激励学生提升德智体美劳各方面的素质和能力，实现由量变到质变的飞跃。

成效："素质银行"升级为"职业素质银行"微信小程序，惠及全院学生，对学生的素质提升起到引导、激励作用。

痛点二：行为习惯差

大实话：压垮骆驼的，不是最后一根稻草，而是每一根稻草。

我们告诫学生，每一个坏习惯都是压垮自己的"一根稻草"，要成就人生，就必须改变坏习惯，养成好习惯。

理念：让习惯符合规范，让规范成为习惯。

解法：开展"日行一善"活动，倡导"好习惯成就人生"。

载体：建立"航空母舰式"社团——好习惯俱乐部，包括早起训练营、快乐减肥团、相约图书馆、酷跑团、早睡先遣营等多个子社团，主张让懒人早起、助胖子减肥、到图书馆看书、去运动场跑步、为了健康早睡。

成效：帮助全院约四分之一的学生通过改变陋习、提升思想境界、提高学业成绩，并已形成"燎原之势"。

痛点三：自信心不足

高职学生基础相对较差，自信心不足是难免的。我们要做的，就是想方设法让他们振作起来。

大实话：教育方法千万条，热爱学生第一条。

理念：听进去的话才叫教育。

这个理念强调的是思想政治教育的实效性。有人认为课堂"抬头率"很重要，我认为"入心率"更重要。头抬起来了，没有听进去，也不管用。高职学生普遍有一个相似的经历：以前在学校里不受老师待见，在家里不受父母待见，长期处于压抑状态，他们特别期待"有温度的教育"。在他们看来，听进去的话才叫教育，没听进去的话都是废话。为此，我们正在倡导一种"让学生听得进去"的教育——暖话教育。我们迈出的第一步，就是由校党委学生工作部（学生处）、校团委和软件学院党总支联合发起，在全校师生中征集"校园暖话"，通过师生的参与、评选，让这些"校园暖话"迅速流行起来，温暖整个校园。

解法：开展"校园暖话"征集活动，倡导暖话教育、赏识教育、体验式教育，让我们的学生重拾信心。

成效：主动学习的人多了，参加各类社团、活动、竞赛的人多了，学生在大赛中获奖数大幅提升。

锤头篇

夯实基础

　　锤子是纵向思维、收敛思维，是按照某种固定的思维模式、点对点突破、集中聚焦解决问题的思维方式，适用于基础工作。

第一章

党旗飘起来——实施"党建领航"

党的十九大报告指出:"党政军民学、东西南北中,党是领导一切的。"高校承担着"为人民服务,为中国共产党治国理政服务,为巩固和发展中国特色社会主义制度服务,为改革开放和社会主义现代化建设服务"的重任,必须坚持扎根中国大地办大学。坚持和加强党对高校工作的全面领导,是办好中国特色社会主义大学的根本保障。

本章重点论述软件学院党总支运用"锤头思维",实施党建领航工程,坚持"四抓工作法",着力提升基层党建工作质量,促进党建、业务融合发展,实现围绕中心、服务大局、各项事业全面进步的目标。

第一节 "三同步"解决"两张皮"

高校二级院系党组织作为办学治校的中坚力量,是确保学校党委办学思想、工作意图得以贯彻实施的有效途径,是维护校园稳定,保证学校教学、科研、生活秩序的重要力量,也是落实学校党建工作承上启下的组织保证。按照新时代党的建设总要求，学院党总支坚持党建领航，通过实施"三同步"，解决党建、业务"两张皮"问题。

"三同步"是指党建、业务工作的同步谋划、同步部署和同步考核。党政领导班子齐心协力，同向同行，充分发挥1+1>2的作用。

学院通过制度、机制的创建和完善，确保党建、业务工作同步谋划，相互融合，坚持民主集中制，不断提升班子整体功能和议事决策水平，尤其是涉及办学方向、队伍建设和师生员工切身利益等重大事项，都提前调研、科学决策。

学院通过优化党支部设置，实现了各教研室主任兼任教工党支部书记，有效地促进工作内容和任务的融合，实现各项工作同步部署。

学院坚持中期述职考核、绩效考核和评优评先相结合，党建工作考核要看业务绩效，业务工作考核要看党建成效，把同步考核落实到每一个部门、每一个人、每一项工作。同时以成果为导向，实现多劳多得的正向激励机制，实现以考核促管理、促落实、促发展。

第二节 党建领航"雷达图"

为精准、科学、有效地推动学院党建各项工作落实，学院构建了六大工作机制，即党建领航中心工作机制、"大思政"工作机制、党建引领社团工作机制、党员素质银行评价考核工作机制、学生职业素质银行评价考核工作机制和党建工作资源校企共建共享工作机制。同时，为推动各机制的落实，软件学院党总支制定了党建领航"雷达图"，清楚地展示了各工作机制的评价标准、各机制实施现状，通过图中两者的对照，工作中的不足一目了然。雷达图的动态变化，即为工作成效的动态变化，及时激励他们精准"对标争先"，不断实现从不足到补足，从达标到卓越的跨越式发展。党建领航"雷达图"的运用（图1-1），实现了思想同频，解决了认识"温差"；实现了行动共振，解决了做事"温差"；实现了精准考核，解决了落实"温差"，有效推动了高校二级院系党建工作"五个到位"，即党组织领导和运行机制到位、政治把关到位、思想政治工作到位、基层组织制度执行到位和推动改革发展到位。

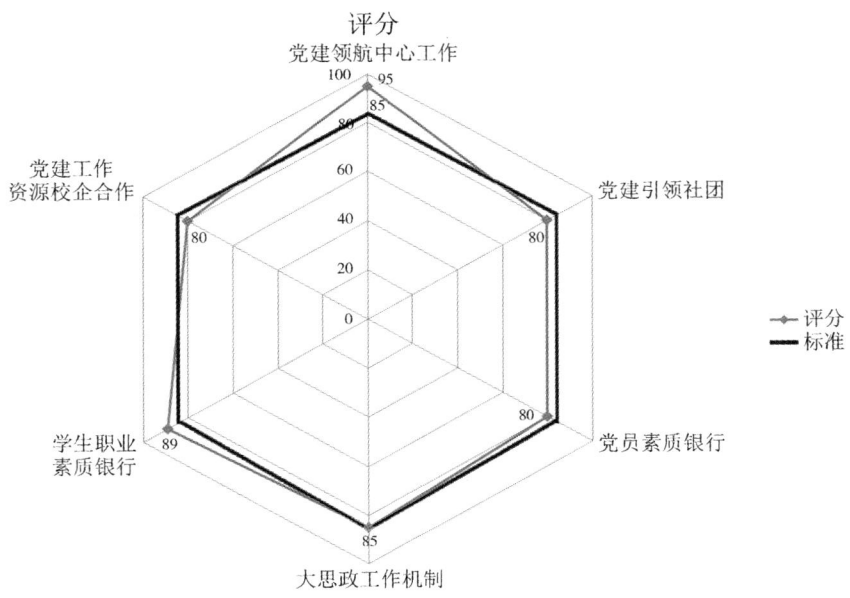

图1-1 党建领航雷达图

第三节 "四抓工作法"

习近平总书记多次强调,党的工作最坚实的力量支撑在基层,最突出的矛盾问题也在基层,必须把抓基层、打基础作为长远之计和固本之举,努力使每个基层党组织都成为坚强战斗堡垒。

在党的十九大召开之前,为做好高校政治安全工作,校党委书记刘锦同志提出"四抓工作法",即抓早、抓小、抓细、抓实,收效显著。之后,软件学院党总支把"四抓工作法"运用于党建和思政工作,并在实践中形成"四抓工作法"的工作机制:抓早,解决"最先一公里";抓小、抓细,破解"中梗阻"现象;抓实,打通"最后一公里"。这一机制有效地解决了党建工作"上热中温下冷"现象,提升了基层党组织的工作质量和效能。

"四抓工作法"是"锤头思维"的具体运用。好比要把一幅艺术作品挂墙上,只要把四个角的钉子都钉牢了,作品也就挂结实了。

一、"四抓工作法"的内涵

软件学院党总支"四抓工作法"的创新点,体现为"四抓"所形成的纵向到底、横向到边的全覆盖工作体系。

(一)"四抓工作法"含义

抓早,关键在于要有预判,而且在时间上要有提前量。

抓小，关键在于妥善解决小事，不让小事发酵成大事。

抓细，关键在于要知晓有哪些环节，彼此如何衔接。

抓实，关键在于留痕迹，可倒查；不应付，重实效。

(二)"四抓工作法"的要求

抓早就是抓"苗头"，这是时间上的维度，体现雷厉风行、马上就办、把问题解决于萌芽状态的工作态度；同时，抓早还体现在做好顶层设计。

抓小就是抓"眼力"，这是规模上的维度，警示人们要看到那些不起眼但却十分重要的"小事"，体现"党建工作无小事"的高度责任心。

抓细就是抓"细节"，这是技术上的维度，体现"工匠精神"和"天下大事必做于细""细节决定成败"的理念。这里的"细"并非比小更小，而是要求在"抓小"的过程中，要把工作"做细"。

抓实就是筑"根基"，这是各项工作落地的末端，是贯彻执行的最后关键一步，即要层层压实责任，强化担当，细化职责，明晰任务，加强督导、反馈，发扬钉钉子精神，守好"主阵地"，种好"责任田"。

二、"四抓工作法"矩阵图

软件学院把"四抓工作法"运用到各项工作之中，有效地推动了学院各项工作的发展。表1-1是部分项目的"四抓工作法"矩阵图。

表1-1 "四抓工作法"矩阵图

序号	项目	抓早	抓小	抓细	抓实
01	组织生活	1. 制定"三会一课"学习计划; 2. 印发常规党建工作时间节点; 3. 对党组织换届、民主生活会等专业性强的工作,提前进行学习和培训。	1. 学习主题以及讨论内容要求时效性强; 2. 对专业性强的工作,程序进行明确,实行重点环节提醒,做到规定动作一个不少。	1. 抓好考勤; 2. 抓是否将学习列为第一议题; 3. 看组织生活"党味"是否足; 4. 民主集中制贯彻的是否好。	1. 对组织生活记录本不定期检查和反馈,调研支部"三会一课"开展情况、成效和意见; 3. 用好监督执纪的"四种形态"。
02	组织发展	1. 增加入学教育系列活动之党建篇,第一时间为学生开展申请入党动员会; 2. 坚持定量、定性结合,以量化为主,政治标准兜底,科学制定党员考核细则; 3. 入学即要求注册"学习强国"。	1. 把好递交入党申请书时的"年龄关"; 2. 抓好党员发展中的"预审关"; 3. 抓好发展对象推选工作; 4. 加强对入党申请人、积极分子和发展对象的统一培训,再进行学校统一培训; 5. 加强高知群体的政治吸纳。	1. 把班委、团学干事、社团积极分子和宿舍长作为政治吸纳的重点对象; 2. 把好预审阶段的政审关; 3. 发挥学业、思政培训等时长数据在组织发展服务时长培训和组织培养中的作用。	1. 抓好党支部书记、培养联系人和入党介绍人等"关键少数"; 2. 党员发展材料和培训全过程留痕; 3. 实行党员发展责任追究制。

（续表）

序号	项目	抓早	抓小	抓细	抓实
03	学生安全	1. 入学即查档案，及时发现"七类特殊群体学生"； 2. 做好新生心理普测工作； 3. 入学即开展形式多样的安全教育和突发事件应急讲座。	1. 开展普及心理知识相关活动； 2. 倡导在宿舍开展"暖心说话"活动； 3. 运用问卷等方式调研影响学生安全的因素。	1. 严格实行晚查房制度； 2. 建立班级安全员制度； 3. 抓好考试季、毕业季等重要节点防控。	1. "特殊群体"学生纳入网格化管理； 2. 定期与重点关注对象谈话； 3. 建立师生集体夜宿舍制度。

第二章

机制硬起来——强化"政治引领"

有人说,党建工作、政治工作是虚功,是软任务,不容易见成效。这样的说法不妥。事实上,党建工作、政治工作是一切工作的基础,是硬指标、硬任务,需要用硬机制、硬举措等"硬功夫"才能做实做到位,而这些硬功夫需要的正是"锤头思维"和"钉钉子精神"。

软件学院党总支始终坚持以习近平新时代中国特色社会主义思想为指导,认真贯彻党中央和上级党委关于政治安全工作的部署和指示精神,贯彻党的教育方针,牢牢把握好办学方向,培养好社会主义建设者和接班人。党总支结合工作实际,通过政治安全"抓三头"、学生社团"把三关"、舆情管控"全覆盖"、重大决策"讲政治"等方式,全面落实政治引领责任。

第一节　政治安全"抓三头"

软件学院党总支严格落实意识形态安全工作责任制，充分发挥政治把关作用，重点把控教学、科研和管理等重大事项是否坚持正确的政治立场、政治方向、政治原则和政治道路。学院以高度的政治自觉落实维护政治安全工作，通过"抓三头"，筑牢政治安全防线，实现了三个"零"目标，即政治安全事件为"零"、伤亡事故为"零"、重大工作失误为"零"。

一、抓"苗头"

学院按照学校党委的总体部署，对于各种风险隐患排查项目以及学校重点防护工作，提前做好高发、易发政治安全事件预案。学院每月组织开展排查，排查出的常规隐患点，及时列入台账，做到事事有人管、件件有着落。对排查的非常规隐患点，做到情况清晰，研判准确，上报及时。学院对重大事件、重要情况、重要民意中的倾向性苗头性问题采用总体研判和个案分析相结合，有针对性地进行引导，积极稳妥处理。

二、抓"头头"

学院通过抓"头头"，即抓好关键少数和敏感人群，确保学院政治安全工作。学院坚持党政同责、一岗双责，加强班子自身建设，提高政治站位；将重点关注人群纳入网格化管理，精准对接，严密追踪，及时把控。学院还定期开展督查，逐步做好化解工作，并在特别防护期加大排查研判力度。

三、抓"人头"

学院通过抓"人头"，实现政治安全工作的全覆盖。学院通过排查新生档案，第一时间掌握学生异常情况；辅导员、学长联合开展谈心谈话活动，及时发现思想有异动、言论有异样和行为有异常等学生；用好学校建立的校园网络实名登记制度和可追溯制度，规范全员网上信息传播秩序；开展覆盖全员的法律常识相关讲座，明确发表诋毁国家形象，发布虚假和不实信息的法律后果，使网络不再是法外之地、自由之地。

第二节 学生社团"把三关"

基于学生自发组建的学生社团是一把双刃剑——能成事，也容易出事。"活动思政"是第二课堂实施思政教育的更大舞台，在高校学生社团与"活动思政"之间建立必要的连通机制，有利于把大学生的思政教育做实做细做深，对学生社团活动起到"补钙"作用，在大学生德育实践中真正实现"精神引领"。① 在软件学院，他们通过"一社双导""一社三雄"

---

① 陆模兴、张雅静、黄国辉：《建立高校学生社团与"活动思政"连通机制的探究与实践》，载《深圳信息职业技术学院学报》，2019年第5期，第24—27页。

"一社一品"原则建立学生社团与"活动思政"连通机制,为学生社团发展提供持久动力。

一、把方向关:"一社双导"

对多数学生社团而言,社团领导者的变化往往决定着学生社团未来的发展态势。学生社团领导者中不乏有热情、有理想、有抱负的人,但依然存在判断力不足、决断力不足、洞察力不够等问题,这就为社团的发展带来隐患。为此,他们在学生社团的管理中,制定"一社双导"原则,对每个学生社团实行"双指导老师"制度,即同时配备政治导师、业务导师,政治导师由辅导员或学校(院)党政领导担任,为学生社团的发展保驾护航。

二、把队伍关:"一社三雄"

俗话说,一个好汉三个帮。在学生社团中,同样需要"一社三雄",即除社长需要较强的综合素质外,还需要三大高手:技术部长——精通业务的高手;宣传部长——"活动思政"的高手;行动部长——活动策划与开展的高手。遵循"一社三雄"原则,不仅能让学生社团的活动符合规范,还能确保活动的意义与质量,相当于在学生社团活动开展之初已经进行了三重审核,为社团活动规范化提供保障。

三、把活动关:"一社一品"

所谓"一社一品",即要求每个学生社团至少有一个"活动思政"品牌,在立足于学生兴趣的基础上,打造学生活动的"思想政治教育的内核",让学生社团的活动具有灵魂。如"早起训练营"的晨读活动、相约图书馆的"与手机分手二十一天"活动、乐创俱乐部的"科技扶农"定点活动等,这些活动使得学生社团既有集中式的活动,又有"细水长流式"的活动,使学生社团活动发挥持久的影响力。"一社一品"是注重学生社团育人项目、品牌活动的平衡,是充分发挥各社团育人功能的保障。

第三节 舆情管控"全覆盖"

高等数学中的"有限覆盖定理"可以帮助我们加深对舆情管控工作的认识,从而把这项工作做得更到位。

一、有限覆盖定理

数学原理可以运用到很多领域。舆情管控工作中用到的"网格化"管理模式,就是"有限覆盖定理"运用的典型例子。

有限覆盖定理的内容是:如果一个闭区间被无限个比较小的开区间覆盖,那么一定可以从中选择有限个比较小的开区间把原来的闭区间覆盖。有限覆盖定理对证明函数的某些性质提供了新的数学方法,其内涵是可以通过"有限"覆盖替代"无限"覆盖,而"无限转化为有限"是一种质的变化。

通俗地说，如果把一项工作画成一张地图，地图上的点有无限个，每个点用一张小纸片去覆盖，则需要无数张小纸片才能把整个地图覆盖，但我们可以从中选择有限张小纸片把地图完全覆盖。

显然，借鉴"有限覆盖定理"解决舆情管控问题的关键在于：用多大的纸片、用多少纸片才能做到完全覆盖（没有漏洞）？这里的"纸片"，既包括投入的人员，也包括工作机制、工作方法。

二、三级"网格+"覆盖机制

学院坚持"网格+"工作理念，构筑了学生、教师、学院党政领导三级舆情管控体系，健全防控机制，做到预先研判、科学研判，防患于未然。

一是依靠团学干部、班长、安全信息员和心理委员等学生群体组成学生动态监测网络和上报机制，同时培养一批优秀的学生网评员队伍，定期关注学院公众号、宣传栏、贴吧、学生朋友圈、微博等，牢牢把握网上舆论引导的主导权、话语权，做强网络正能量。

二是依靠教师立足岗位做好"教书育人"工作，明确教学意识形态安全底线和红线，自觉做到所上专业课在政治导向和思想引领上与思想政治理论课同向同行，对于课堂上出现的舆情及时回应、研判和上报，做到情况明、问题清、反应快、处理得当。

三是依靠学院党政领导班子成员加强舆情管控工作的顶层

设计，加强课堂教学、开放课程、学习平台、使用教材、学术活动、项目资助和对外交流等重点阵地工作防控，定期召开会议研究舆情工作，把学校党委相关工作部署传达到位，部署到位，落实到位。

三、全覆盖疏导系统

舆情管控的技巧不在管而在导，在于防患于未然。软件学院实施"明灯工程"，提出每位老师都是一盏灯，都应照亮、温暖身边的学生。

他们把47名专业教师分配到47个班级网格（实行了班级全覆盖），担任班级思政导师，要求他们发挥言传身教作用，借助班级微信（QQ）群，经常向学生推送、分享有益于他们成长的好故事、好文章、好句子，传达正能量，引导学生始终保持积极、上进、阳光的心态。实施"明灯工程"，对学生思政教育实行"网格化"管理，延长了"三全育人""课程思政"的工作手臂，起到了对学生进行春风化雨、润物无声思政教育的作用。

第四节　重大决策"讲政治"

对于重大事项的决策，学院坚持"第一议题"、会前调研、会议决策等机制，旗帜鲜明讲政治，筑牢政治防线和群众基础，及时解决学院发展和涉及师生员工切身利益等重大问题。

一是用好"第一议题"机制。学院坚持"第一议题"制度，每一次党总支会议、党政联席会议议事之前，先认真组织与会人员学习习近平总书记重要讲话和中央、省、市最新文件精神，时刻绷紧政治这根弦。坚决把政治纪律作为基线、底线和红线，严格政治审查，在教师引进、课程建设、教材选用、学术活动等重大问题上把好政治关。

二是用好会前调研机制。习近平总书记在十八届中央纪委第六次全体会议上指出，民心是最大的政治，正义是最强的力量。软件学院党政班子十分重视民心、民意，重视调查研究，对于专业性较强的重要事项，会前征求学院学术委员会论证或审议；对于学院发展的重大问题和涉及群众利益的重要事项，会前通过一定方式广泛听取教职工的意见和建议。做到不调研不发言不决策，确保决策的科学性、公正性。

三是用好会议决策机制。学院严格执行学校党委印发的二级学院党总支会议议事规则、二级学院党政联席会议议事规则，凡涉及办学方向、干部任用、教师队伍建设以及师生员工的切身利益等重大事项，由学院党总支会议先研究，进行政治把关，再提交党政联席会议决定。会上严格执行民主集中制，切实用制度把牢政治方向。

第三章

党员动起来——抓好"双带头人"

党的十九大强调，必须树立党的一切工作到支部的鲜明导向，抓严抓细抓实支部工作，打造坚强战斗堡垒。软件学院党总支在学校党委领导下，按照《中国共产党章程》、《中国共产党普通高等学校基层组织工作条例》（中发〔2010〕15号）、《中共教育部党组关于加强新形势下高校教师党支部建设的意见》（教党〔2017〕41号）等文件精神，切实加强教师、学生党支部建设，使教师、学生党支部真正成为教育党员的学校、团结群众的核心、攻坚克难的堡垒。

让党员动起来，必须发挥党支部书记的"双带头人"作用，抓好基层党支部建设，用"锤头思维"把党支部的每一项工作都钉牢、做实。

第一节 立规矩：让习惯符合规范

"欲知平直，则必准绳；欲知方圆，则必规矩"。一个人，没有规矩很难成为一个合格的社会人；一个拥有9000多万党员的大党,没有规矩注定成为一盘散沙。新时代基层党建工作面临着许多亟待研究解决的新情况、新矛盾、新问题。这就要求基层党组织在工作任务、组织形式、活动方式和工作方式等方面立好规矩,以规范化提升党支部的工作质量。

一、做好顶层设计

学院党总支贯彻学校党委印发的《党支部书记履行党建工作职责考核办法》《党支部活动制度》《日常管理制度》《组织生活制度》,确保各党支部各项制度落实到位,使党委决策能及时传达到基层每一个党员。

一是注重把党性强、业务精、有威信、肯奉献的教师党员选拔为教师党支部书记,实施对标争先计划,立项了广东省首批双带头人工作室,构建了示范样板及由点及面的基层党建工作体系,全面加强各党支部建设工作。

二是制定了"课程思政"的总体建设思路。加强指导教师党支部做好"课程思政"相关工作,建立"课程思政"建设与教师党支部工作日常融合机制。

三是制定科学合理的"考核"机制。学院明确工作职责,对标对表进行定量和定性考核,做到以考促改,做到科学公正,形成良好的工作氛围。

二、开展结对活动

学校党委出台了《党员领导干部联系基层党组织实施方案》和《领导干部深入基层联系学生工作实施方案》,党委书记刘锦联系软件学院党总支及软件测试教工党支部，及时发现并解决基层党组织工作中出现的新情况、新问题。

学院党支部与学校其他基层党支部结对共建，以党员活动为载体，开展系列交流座谈会、"红色运动会"等形式丰富的党员活动，为党支部搭建"党建资源共享桥"，充分发挥各自优势，实现优势互补、资源共享。

与企业、社区党支部结对子，每个支部指定一名联络员，明确在组织生活、队伍建设、党建资源、业务联动、人才培养、课题研究和社会实践等方面进行结对共建。通过校企党支部结对子共建，不仅实现了"校企资源共享"，更推动了科研成果转化，实现"产学融合"，促进学生党员就业。

三、强化质量提升

学院党总支推动"基层党建质量提升攻坚行动"，从以下三个方面着手，实现上、中、下"一般热"：

一是借助学校党委书记联系我院党总支和部分党支部的机制，全面实施教师党支部书记"双带头人"培育工程，显著提升党支部建设质量，有效发挥党支部主体作用，有力彰显党支部书记"头雁效应"。

二是学院党总支整合现有资源，加强各支部活动阵地建设。为支部品牌建设提供交流展示场所，营造浓厚党建文化氛围，定期更新宣传栏、报纸、党建杂志书籍等学习资料，最大限度地满足党员学习需求，全面提升各党支部组织活动场所整体功能。

三是组织党支部书记进行专题培训教育，提升基层支部书记履职能力和水平，为夯实基层党建工作提供坚实基础。学院党总支书记、委员定期与支部书记、教师党员开展座谈活动，及时了解基层支部工作的重点、难点，实时给予指导和帮助，实现各党支部的内涵式发展。

第二节　建轨道：让规范成为习惯

习近平总书记指出："要大力加强党支部建设，让支部在基层工作中唱主角，发挥主体作用，使支部成为团结群众的核心、教育党员的学校、攻坚克难的堡垒。"让支部唱主角，需要大合唱，而不是独唱。大合唱是一种多声部音乐，只有大家在自己的岗位上发声，让规范成为习惯，才能唱好主旋律，唱出真功夫，唱出好声音。

学院党总支对照《新时代高校党建"双创"工作重点任务指南》中对基层党支部提出的"七个有力"标准，结合"两学一做"工作要求，为党支部建设建立了一个"三维轨道"——党员素质银行，包括"思想先进""业务过硬""乐于奉献"三部分，指导各基层党支部全面提升组织力、凝聚力和战斗力。

一、"思想先进"看学习

党支部大合唱，要练好"学功"才能唱好主旋律。软件学院党总支一直重视学习型党支部的建设，始终坚持学习永远在路上。一是建立"第一议题"学习制度，将学习习近平新时代中国特色社会主义思想、党的十九大精神和习近平总书记重要讲话精神，作为学院党政联席会议、党总支委员会议、党支部委员会和党员大会以及各教研室会议的"第一议题"，推动理论学习常态化、制度化。二是坚持把"学习强国"这一涵盖时事新闻、大政方针等包罗万象资讯的"网红"平台作为党支部学习的有效利器。各支部通过开展"话说学习强国"、"学习强国、学习强我"交流活动，不断激发党员师生学习的主动性，不断提升自身理论水平，提高理论指导实践的水平。

二、"业务过硬"看业绩

党支部大合唱，要通过"比拼"才能唱出真功夫。教师党员比业绩、拼贡献，学生党员比成绩、拼技能，让全体党员动起来，拿出"标志性成果"，为"标杆院系"建设做贡献。

业务过硬主要看业绩。他们以业绩为导向，每学期统计一次业绩、成果，鼓励教师、学生中的党员创先争优，起带头作用。

业绩体现在个人荣誉、认真上课、学术论文、技能竞赛、创新创业等多个方面，每个方面都需要付出艰辛的努力，才能获得丰硕的成果。

三、"乐于奉献"看服务

党支部大合唱，要带着"情感"才能唱出好声音。这

"情感"就是服务社会、服务群众、服务师生，切切实实为师生解决问题。

一看服务社会。他们发动教师党员、学生党员、入党积极分子走向社区、走向企业，宣讲十九大精神，举办公益讲座；走向贫困地区访贫问苦，扶困助弱，帮助他们解决实际问题。

二看服务师生。他们建立以老带新机制，加强对青年教师教学、科研能力的培养，鼓励他们勇于承担教学科研重任。开展"帮扶困难学生行动"，结对帮扶贫困学生，多渠道解决他们的经济困难；帮扶并转化学业困难学生，提升学业能力。开展"1+10"行动（即每位党员联系 10 间宿舍），党员教师定期、不定期走访结对宿舍，帮助学生解决思想、学习、生活中的一些问题。

第三节 抓样板：让示范引领习惯

软件测试教工党支部"何涛工作室"于 2018 年 9 月立项为广东省首批高校"双带头人"教师党支部书记工作室。党总支以此为契机，从四个方面打造"双带头人"培育工程的"试验田"与"示范区"。

一、支部书记"双带头"

软件学院教工党支部建设，突出党支部书记"双带头人"作用，他们既是专业过硬的专业带头人，又是思想先进的党建带头人，软件测试教工党支部书记何涛就是这些"双带头人"中的典型代表。

何涛同志每天坚持在"学习强国"APP 上进行党的理论和政策的学习，并保持了支部学习总成绩和支部书记个人学习成绩在学院前列的好成绩，带领每位党员真正成为政治过关、思想过硬、能力过人的榜样。自工作室成立一年来，何涛同志主持市级以上教科研课题 4 项，发表学术论文 11 篇，含 SCI 期刊收录论文 5 篇，EI 期刊论文 1 篇，党建论文 2 篇。建立软件测试学术团队，成立人工智能自然语言处理课题组、高可信性计算研究团队、软件测试方向学生创新团队，与地方共建公共政策研究中心。

二、党建活动多姿多彩

软件测试教工党支部结合"学习强国"APP 以及软件学院"党员素质肖像"小程序的制度化学习、日常式学习，创新党支部学习方式，形成"党建+微课堂"的学习形式，建立学习交流和实践平台。建立健全党支部学习网络，抓好网络教育前沿阵地，加强网络交流和学习，宣传先进，营造氛围。

创新支部党组织生活形式，开展"五学、四议、三帮"活动：学政治理论、学政策法规、学市场经济理论、学科学技术、学先进典型；议党务、议工作、议发展、议贡献；帮支部、帮党员、帮后进生。

该支部开展了"党员政治生日活动""人人都是支部书记""支部教工党员讲坛""紧跟技能进展，提升专业水平"

等活动，并使之常态化。支部还开展了"全员结对帮扶困难学生行动"，对软件测试专业方向的 12 名贫困学生全员结对进行帮扶，在学习上、生活上予以关心和爱护。

三、教学科研业绩突出

软件测试党支部以党建促业务，推进国家级项目教育部"现代学徒制"的试点建设。自工作室建设一年多来，学生屡获国家级技能大赛奖项及省级以上技能大赛奖项。该党支部还率先开展"课程思政"试点，构建课程思政的实施路径，建设了《软件测试》《算法设计与分析》两门课的课程思政，根据不同学段学生特点，开展德育课程一体化设计。支部党员多次获学校教学质量优秀奖，支部书记何涛更是连续 5 年获教学质量优秀奖。

近一年来，工作室党员主持和参与市级以上教科研课题 5 项，区级和校级课题 6 项（含党建课题 2 项），发表学术论文 15 篇（含 SCI 期刊收录论文 7 篇，EI 论文 2 篇，党建论文 3 篇），获发明专利 3 项，实用新型专利 12 项，工作室党员获省级示范性实训基地、省级教学名师工作室认定各 1 个。

第四章

台账建起来——帮扶"特殊群体"

习近平在高校思想政治工作会议上强调，高校思想政治工作关系到高校培养什么样的人、如何培养人以及为谁培养人这个根本问题。要坚持把立德树人作为中心环节，把思想政治工作贯穿教育全过程，实现全程育人、全方位育人，努力开创我国高等教育事业发展新局面。

大学阶段是每位学生最重要的学业生涯阶段，是青年学生培育世界观、人生观和价值观的关键时期，随着社会的发展和人们物质生活水平的不断提高，高校特殊群体因可能带来的危机而越来越受到社会各界的重视。高校特殊群体的教育与引导工作具有复杂性、持续性等诸多特点，关系到高校学生工作的全局尤其是学生的安危，因而特殊群体学生的帮扶工作尤其需要用"锤头思维"和"钉钉子精神"，一天一天地、一件一件地、一个一个地做好。软件学院党总支基于新时代学生群体所展示出的新情况、新问题，扩大特殊群体范围，由五种特殊群体学生的帮扶扩大到七种，以期通过"精准帮扶"体系的构建，营造更加和谐的校园氛围，推动高校育人工作的顺利开展。

第一节 七种学生特殊群体的由来

随着高等教育改革的不断深入,高等教育由"精英教育"转向"大众教育",门槛的降低使大学生的素质参差不齐,这在高职院校的表现更为明显。在大学校园中出现了一些在学习、生活、心理等方面表现不良的大学生特殊群体,且这一群体呈逐年上升的趋势,对这个群体的关注和帮扶十分重要。

一、五种学生特殊群体的提出

国家教育部门对于大学生特殊群体并没有一个明确的定义,学术研究也都是从不同的角度和侧重进行各自的界定。但是在对其内涵以及分类等有关问题的认知上还是大体一致的,即大学生特殊群体是相较于普通群体而言,在某方面存在不利或处于劣势的群体。

深圳信息职业技术学院五种学生特殊群体的教育与引导由原深圳信息职业技术学院党委副书记冼吉昌教授于2006年提出。所谓五种特殊大学生群体是指心理有困惑、学业有压力、经济有困难、行为有过错和身体有残障的大学生群体,主要从学生的家庭情况、生活情况、思想情况、心理情况、身体情况等五个维度进行概括。经济有困难学生群体,主要是指家庭经济状况不佳,生活困难的群体;学业有压力学生群体,主要是指学习困难,学习成绩相对较差的群体;心理有困惑学生群体，主要是指心理水平低或心理不健全的群体；行为有过失学生群体，主要是指道德失范，违反校纪校规，甚至发生打架斗殴事件的群体；生理有残障学生群体，主要是指存在生理缺陷，生活、学习不便的群体。

五种特殊学生群体的帮扶工作贵在精准、重在精准、成败在于精准。五种特殊群体大学生的精准帮扶，建立在对不同类型特殊群体学生进行精准识别的基础上。五种学生特殊群体实践研究探索，抓住了五种特殊大学生群体的教育引导工作的核心，创新了关爱和帮扶五种特殊大学生群体思想政治教育工作的新方法，建立了高校五种特殊大学生群体预警与重点帮扶方法，有利于实现特殊群体学生的精准帮扶。

二、新增两种学生特殊群体

软件学院党总支在实践中发现，特殊群体的学生往往呈现出多种特殊性相叠加，需要多种帮扶手段同时进行，所以帮扶的难度较大，但特殊群体关注度的提升，对于解决特殊学生的问题有较大的帮助。

随着时代发展和社会的转型，基于十三年前实践探索而得出的五种特殊群体的教育与引导，已难以涵盖新时代大学生群体所呈现出的新情况、新问题。继续加强和改进大学生思想政治教育的方法，既是时代变迁的客观要求，也是实现思想政治教育公平，提高思想政治教育实效性的必然要求。

软件学院始终关注五种特殊大学生群体的教育与引导。基于新时代学生群体所出现的新情况、新问题，党总支书记黄国辉于 2019 年 2 月提出将五种特殊群体扩展到七种，增加性格偏极端、家庭有异常学生群体。

性格偏极端指具有如下两种性格倾向的学生：一是顺从型倾向，这类学生独立性差，易不加批判地接受别人的意见，照别人的意见去办事，在紧急困难情况下表现惊慌失措，缺乏基本的防范意识，容易上当受骗，如陷入"校园贷"、非法传销等骗局；二是偏激型倾向，这类学生缺乏理性的态度和客观的标准，喜欢在虚拟空间里寻求快乐，喜欢按照个人的好恶和一时的心血来潮去论人论事，以片面的眼光看问题，在情绪、行为上表现得莽撞。本书重点讨论顺从型倾向学生的帮扶。

家庭有异常指相较于正常家庭关系，家庭关系存在各类问题的学生：一是来自某些有怨气的单亲家庭；二是双亲关系紧张，由祖辈抚养长大，祖辈教育方式存在问题；三是双亲中有人患重大疾病或是有遗传病、精神病等；四是家庭特别贫困，双亲失业或一方失业；五是其他异常情况。

这两种特殊群体更多依附于原生家庭产生，更多是家庭教育在童年的缺失造成的。这两种特殊群体学生应该像前五种学生一样被关注、关爱，尽管他们不一定会出现我们所担心的问题。

特殊群体学生的扩容体现了学院党总支以学生为本，贴近生活、贴近实际的育人理念。上述两种特殊群体学生，究竟有多大比例？如何识别？如何化解他们可能产生的风险？值得深入研究。

第二节 心理有困惑学生的帮扶

高职教育主要培养高素质、高技能的应用型人才。通常来说，高职院校录取分数线较低，学生学习基础差。随着高职院校招生规模的不断扩大，高职学生有着特殊的定位，因而既有普通大学生心理发展的特点，又有其独特的心理问题及表现。总体来说主要表现为无意义感、自卑心理、易怒心理、网络成瘾。

一、高职学生常见心理问题

无意义感，指个体有追求意义和秩序的需要，但受到虚无和孤立的必然性的挑战，随时都可能置身随机的无序世界而产生的主观感受。高职学生往往认为学校的学习活动与自己将来的生活和工作没有太大联系。更有甚者，认为学习没什么用。有些学生开始以自己是"咸鱼"为傲，推崇"丧"文化。

自卑心理，源于高职学生大多是高中阶段老师和同学眼里的"差生"，他们认为来高职就是来混文凭的，与读了本科的高中同学接触时容易产生自卑心理。也有一些学生是因为家庭困难，放弃了读本科的机会，退而求其次进入高职，而这部分学生因为家庭原因，本身也会有较强的自卑心理。高职学生往往因为自卑心理，在面对适应、人际交往、就业等方面容易缺乏自信，感到焦虑。

易怒心理，是人遭受到压力或挫折时产生的一种剧烈的情感反应。高职学生思维活跃但认知能力及认知水平相对比较有限。他们本身学习底子较薄，也没有端正的学习态度，许多学生进入高职院校后继续中学的不良学习习惯，不愿意承受任何学习压力而出现逃课、迟到等情况。他们大多抗压能力差，在遇到刺激或者不愉快事情，即使是非常轻微的事情也会产生剧烈的情感反应，表现为易怒甚至易激惹。

网络成瘾，是高职生最普遍的问题。学生进入高职之后脱离了父母的管束，没有了父母对上网玩游戏时间的严格控制，再加上多数高职学生本身就对学习缺乏兴趣，面对网络的种种诱惑，形成"眼不离屏幕，手不离手机"的怪象，更加荒废学业，甚至影响到正常生活。

二、心理危机干预个案分析

黄同学，男，20岁，广东深圳人，独生子，单亲家庭。父母离异，父亲再婚、母亲独居，由爷爷奶奶抚养长大。初中时，被确诊为抑郁症。2017年9月，被诊断为双相情感障碍。2018年9月20日，黄同学第一次在校发病，在辅导员做通家长工作后，家长将黄同学送至医院接受治疗。经过两周治疗及休养，黄同学提供医院出具的复学证明，并办理相关销假复学手续后返校学习。2019年3月，黄同学第二次发病，异常行为发生频率增加，具体表现为在宿舍时常不自觉嘀咕、在走廊来回踱步，坐在宿舍时不时打自己、双脚跺地等。为了保障黄同学室友的安全，在辅导员与黄同学父母沟通、做通其父母工作后，家长为其办理退宿及休学手续并将其送至专科医院接受治疗。

双相情感障碍（Bipolar Disorder，BPD）属于心境障碍的一种类型，病人循环出现躁狂和抑郁，其发病根源在于个人的"苦命人面具"和"幸运儿面具"两个人格面具过强且对立出现。荣格指出，人格面具是个人适应抑或他认为所采用的方式对付世界体系。事实上，每个人都有苦命人面具与幸运儿面具，但是正常人的两个面具会与相应的情境匹配，遇到好事情开心，遇到坏事情难过，反差不会太大，两者不会越界。双相情感障碍者则拥有一个很强的幸运儿面具和一个一样强的苦命人面具。躁狂发作时表现出强幸运儿面具，情绪高涨，心情愉快，自我感觉良好，在体力透支支撑不住的情况下陷入抑郁状态，也即强苦命儿面具出现，这种抑郁反应是机体的一种自我保护机制，身体会在此期间得到修复，慢慢恢复元气，进而再转向正常或躁狂。

黄同学属于重点关注对象，辅导员每周至少与其谈话1次，及时掌握他的最新动态。在宿舍，安排宿舍心理信息员密切关注其行为反应及晚归未归情况，及早发现异常及早处理。2018年9月下旬，黄同学第一次在校发病时期，在宿舍心理信息员向辅导员汇报黄同学课上自言自语发出无意义的声音之后，辅导员第一时间赶到教室向任课老师了解情况确认。辅导员在与黄同学谈心谈话过程中发现其症状明显疑似精神病，已经超出辅导员工作能力范围，立即联系学校心理健康与教育中心专业教师寻求专业支持，然后向院领导汇报，通知学生父亲相关情况，建议其父亲为其办理请假手续之后离校，到医院进行治疗。在此期间，辅导员持续关注黄同学的病情，还咨询了解其过往的病情和家庭情况，提醒家长在学生返校时提供专科医院开具的复学证明。

黄同学第二次发病期间，曾口头威胁恐吓舍友，三名舍友为此向辅导员申请将黄同学调离宿舍。辅导员约谈家长，家长单方面认为自己的孩子不会伤人，只是为病所累，应该得到更多的关爱和谅解。辅导员将日常的谈心谈话记录及关注黄同学的过程资料展示给家长，希望家长正视孩子的疾病，并邀请家长一起到学校心理中心寻求专业意见。经过多方努力，辅导员与学生工作办主任陪同家长将黄同学送到专科医院治疗，辅导员如实将黄同学在校的实际情况告知主治医生。之后，辅导员持续跟踪关注学生最新情况，做好记录；同时按照学校相关规定，协助学生办理休学、退宿等手续。学生治疗出院后回家休养，辅导员定期给学生发信息表达关心并提醒其谨遵医嘱服药。

第三节　顺从型性格倾向学生的帮扶

顺从型性格倾向学生独立性差，易照别人的意见去办事，容易上当受骗，这里列举"校园贷"方面的典型案例，从一个侧面剖析这类学生所存在的问题、成因及解决办法。

一、和"校园贷"说拜拜

《噩梦！深圳大二男生借5千变负债70万》讲述了一名深

圳大二男生从借款 5000 到负债 70 万的校园贷之路。①

小峰（化名）家里经济条件一般，每个月家里给他一千多元的生活费，能满足他基本的开销。从 2015 年下半年，也就是大一上学期开始，小峰就找到了一个特殊的途径。小峰："跟同学出去玩花销比较大，不够花又不好意思向家里要，一开始是在 59store 平台借了一千，但很快就花完了，然后就接着向其他平台借，收不住手了，陆陆续续借了七八个平台的差不多三四万……"

为了还贷款，没有收入来源的小峰只好是前一个贷款到期了，再借另一个去还，根本停不下来。短短几个月的时间，小峰已经签下了二十多张借款合同，合同上的债务已经累积到了六七十万元。但实际到小峰卡上的钱只有二十多万，而且这二十万他没有花一分钱，都是用来还之前的债和利息……

2016 年"校园贷"成为轰动校园及各大社会舆论话题之一，随着大学生信用卡业务退出高校，校园借贷平台（简称"校园贷"）在高校如雨后春笋般涌现。2014 年以来，"校园贷"开始出现在各大校园，为在校大学生提供分期借贷服务，校园信贷市场飞速发展。"校园贷"如火如荼发展的背后，它的风险和隐患日渐凸显，在经济上、心理上给诸多大学生带来了巨大的困扰。

2017 年 5 月 17 日，中国银行、中国建设银行率先成为进入"校园贷"的"正规军"，同期招商银行也表示"已做好重

---

① 《噩梦！深圳大二男生借 5 千变负债 70 万》，https://www.sohu.com/a/150818795_721128（访问时间：2017 年 6 月 21 日）。

返校园的准备"。2017年6月17日,中国银监会联合教育部以及人力资源社会保障部发布的《关于进一步加强校园贷规范管理工作的通知》称,相关部门将进一步加大校园贷的监管整治力度,从源头上整治乱象,暂停网贷机构开展校园贷业务。2017年9月6日,教育部举行新闻发布会,明确"取缔校园贷款业务,任何网络贷款机构都不允许向在校大学生发放贷款"。把非法校园贷扫地出门,体现了社会管理、教育管理的与时俱进。青年大学生有机会掌握现代金融常识,进行更好的自我规划和自我管理,这是社会进步的体现。

二、"滑坡效应"与校园贷

美国社会心理学家曾做过一个实验,他们把一群喜欢玩手机的人分为两组,并为他们都下载了一款半收费APP,其中不同之处在于,第一组的APP页面上添加了"充值一元送大礼"的标志,而另一组却没有。三个月后,实验得出结果,有"一元送大礼"标志的那组,在APP中投入的钱是没有标志那组的五倍。这到底是怎么回事儿呢?

在社会心理学中,有一条名为"滑坡效应"的定理,决策者对于行为的细小变化很难察觉,很难将其界定为不符合伦理规范,而对于大的变化,人们很容易发现行为的不道德性。即你不站在滑坡上,便不会发生任何事;但只要一站上去,无论人是位于坡的哪一段,都会不断往下滑。"一元送大礼"正是"滑坡效应"的产物。别看只有区区一元钱,数量虽然小到可以忽略,可恰恰是这一元钱,便成功地将用户推上了滑坡,让用户心甘情愿地把更多钱投入进来。

一个半收费的 APP，总会有用户因为操作不熟悉、充值手段不方便、不想充值等原因拒绝付费。这时，一元充值就会像是一根撬棍，撬开用户的门，让人有"原来充值也很方便、这个软件我很熟悉"的感觉。在陌生感消除后，用户继续充值便不再有心理负担，也就造成了人们经常看到的"某人在某 APP 上投入了上万元"的新闻。反观第二组，因为没有一把"撬棍"直截了当地撬开他们的心，所以大部分人仍然能坚持在 APP 上不花一分钱的原则。这就像一个装满水的袋子，如果不去戳破，水是不会漏出来的；可一旦袋子被戳破了，那么袋子中的水就会止不住地往外涌。①

伦理判断中滑坡效应的实质是一种内隐偏差，也就是说，滑坡效应的产生是一种无意识的或非故意的心理过程，行为人本身并没有意识到自己的伦理判断出现了偏差。非法校园贷的五步套路与滑坡效应的表现及成因相耦合，大学生一旦陷入校园贷，即不能自拔，滑向深渊。

第一，以校园传单、贴小广告、找代理等方式寻找目标。标榜门槛低，无抵押，到账快，利息少，还款期限长，诱惑大学生。

第二，"上钩"之后，要求实名注册，验证手机号码，上传通讯录（这一步就是后期不还钱爆通讯录的根源），绑定身份证、银行卡、支付宝等信息，裸贷还会要求上传本人学生证

---

① 红豆粥：《不可不知的定律："一元陷阱"里的"滑坡效应"》，载《现代班组》，2018 年第 3 期，第 58 页。

或本人手持身份证信息。

第三，申请资金成功时，搬出霸王条款，到手额度缩水。各种理由收取服务费、保证金、头息等。

第四，没有在规定的时间内还款，利息高且罚息是以复利计算，进入了利滚利环节，前文小峰案例即是如此。

第五，逾期还不上，他们会"好心"地给你想办法。比如推荐其他平台借款还款，再或者劝说你去做违法的事情。如果你不听他们的"建议"也没钱还，那么他们会爆你的通讯录；短信电话威胁；发送律师函；在学校张贴你欠款的海报或者是更恶劣的手段来逼迫你还款。

三、顺从型性格倾向与校园贷

校园贷沦为"校园害"，既有社会层面的问题，也有容易被忽略的教育命题。正如有人所言，大学生还缺少"财商"教育，造成校园贷成为"校园害"的根源是青年大学生对物欲的失控和对提前消费观念的错误认识。

校园贷款是为大学生群体提供分期购物和现金消费等服务的金融服务平台，本身是一种学生助学和创业的贷款平台，例如国家助学贷款，就是为大学生群体量身打造的，这不仅解决了贫困大学生学业与生活方面的问题。调查显示，目前使用校园贷的大学生，大部分使用的是网络平台进行贷款，即网贷。

大学生消费需求大，而传统金融机构市场布局不足，留给校园网贷发展空间。创业类贷款和助学贷款因为有政府的资助,利率比较优惠,优质的借款人一般会优先选择这些更加优惠的贷款,校园网贷在这方面的生存空间有限,因此提供这类贷款的网贷平台也比较少。

据调查,在贷款用途上,用于消费最普遍。其中用于基本生活支出占比36.01%,娱乐支出占比23.81%,购买数码产品、服饰美妆产品等占比53.27%,而在基本学业支出、投资理财、校园创业和考证培训方面的支出所占比重较小。

校园贷的主体大都是两种人:自尊心和虚荣极强的农村孩子和从小被父母当公主和王子养大的"纨绔子弟"。第一类人群,家庭经济能力一般,无法支持物质追求,只有靠各种信用卡、白条、网贷提前透支消费,满足需求。第二类群体,家庭经济实力好,从小被父母宠爱,在物资需求的满足上没有度,没有形成正确的是非观,当家长无法满足时,他们开始找其他途径。

陷入校园贷的人群原因各异,但有两个共同点:一是见识不足,不善于一分为二地看问题,往往抓住一点就无限地夸大或缩小,极易出现以偏概全的失真判断,导致错误的结论;二是自制性较差,没有养成好的生活习惯,不能较好地控制自己的情绪,对社会和物质的了解错位,不能用平淡的心态去对待问题,容易上当受骗。

可见,作为大学生最直接的管理者,除了加强学生"财商"教育外,还应当关注性格偏极端学生群体,对这一群体实施帮扶,增强学生的防范和自我保护意识,警惕并且远离不良的网络陷阱,和校园贷彻底说"拜拜"。

第四节　家庭有异常学生的帮扶

软件学院辅导员发现，第七类特殊群体（家庭有异常）学生占比较高，不但远高于心理有困惑学生的占比，而且这类学生几乎和前六类学生都有不同程度的叠加。或者说，每一个"异常学生"背后都有一个"异常家庭"。鉴于此，帮扶家庭有异常学生尤为重要。

一、缺失父爱（母爱）的学生

著名的奥地利心理学家阿德勒曾经说过："幸运的人生一生都被童年治愈，而不幸的人一生都在治愈童年"。也就是说成年人的幸福和他的童年是不是幸福有着非常密切的关系。

家庭有异常指孩子童年就缺失父亲或母亲对自己的关爱。造成缺失父爱或母爱的原因很多，如因父母离异、天灾人祸造成的伤亡或其他原因致使父亲（母亲）的离去、父亲（母亲）长年不在家或者固然在家中但是极少关注孩子，致使他缺乏父爱（母爱）而带来的一种分离性焦虑。缺失父爱（母爱）的成因不同，及个人本身所拥有的内外在的资源不同，面对缺失父爱（母爱）的感受及造成的影响也就有所不同。

心理学家发现，没有得到足够父爱（母爱）的小孩情感障碍突出，出现焦虑、孤独、任性、自制力弱、攻击性强等行为缺陷现象普遍。这种父爱或母爱的缺失，导致孩子在青春期或青年期出现人格障碍。比如，缺爱的孩子自卑，缺乏自信心；缺爱的孩子没有安全感，企图从外界找到爱的补偿。因此，在社会生活当中，出现了一些学生偏离正常生活状态的现象。

家庭有异常学生成为学校教育中一个不容忽视的特殊的教育群体。在研究高职院校缺少父爱（母爱）学生心理和行为特点的基础上，怎样帮助这部分学生走出心理困境，转变为社会需求的高素质人才，成为高职院校思想政治教育工作面临的新问题。

二、隔代抚养长大的学生

意大利儿童教育家蒙台梭利曾经讲过一段很精彩的话："童年是人生最重要的时期，它不是对未来生活的准备时期，童年是真正灿烂的、独特的、不可或缺的、不可重现的一种生活"。现在心理科学研究已经发现，一个成年人身上几乎所有的问题差不多都可以从他童年生活中找到答案，都可以从他童年的生活经历中去寻到源头。所以童年对一个人的一生来说的确非常重要。

随着现代科技社会的飞速发展，社会节奏加快，市场经济全面实施，大量的人才人员流动，促进了城乡经济的飞速发展。但是，随之而来的留守儿童、空巢老人、隔代教育等问题，逐渐成为整个社会的突出矛盾。

据调查显示，在我国城镇有近五成的家长由于上班、外出打工、经商、养殖等原因将教育的重任落到了祖辈身上。软件学院在全体学生中开展"七类学生特殊群体"摸底排查工作，通过清查档案、问卷调查、辅导员谈话等形式统计出本院隔代抚养学生在全院学生中占比约35%。

中国科学院心理学研究所博士生导师王极盛在数万人中间做的一项调查表明，95%以上的家长没有学习过如何教育子女这门学问，其中隔代家长的这个比例接近100%。年轻的父母在生活、学习、工作压力下，该如何承担家庭教育的责任已成为一个社会问题。

人们应该清楚地认识到隔代教育的利与弊。有利的一面：第一，老人有充裕的时间和精力，在教育孩子方面，老人往往比年轻父母更有耐心；第二，老人比年轻的父母更具抚养和教育孩子的实践经验；第三，老人比较容易与孙辈建立融洽的感情；第四，有学问、有才能的老人教育孩子更能达到很好的启蒙教育效果，等等。不利的一面：第一，过分关注；第二，过分监督；第三，过分严厉的惩罚。老人对孙辈的教育方法，因循了中国传统的教育理念，虽然有许多可取之处，但引发的负面问题也比较多，如对孩子的批评多于鼓励，责罚多于奖励，使孩子产生了严重的自卑、自闭或叛逆心理。

随着时代的发展和社会的转型，隔代抚养长大的学生越来越多，在研究高职院校隔代抚养长大的学生心理和行为特点的基础上，怎样帮助这部分学生走出心理困境，转变为社会需求的高素质人才，成为高职院校思想政治教育工作者面临的新问题。

三、具体帮扶措施

随着家庭有异常学生比重逐渐上升，家庭有异常学生的心理健康问题引起了人们的关注。深入研究高职院校家庭有异常学生心理问题及行为的表现，对于促进高职院校家庭有异常学生健康成长，增强他们的各方面素质和能力，为构建和谐社会、和谐校园，培养全面发展的高素质人才，具有重大的现实意义。建立健全对高职院校家庭有异常学生的帮扶体系，需要大家的共同努力。

第一，建立特殊群体学生档案。做好家庭有异常学生群体的教育与引导工作，达到精准帮扶的目标，必须完善特殊群体学生信息，按照真实全面、隐私保护的原则建立特殊群体学生档案。

第二，改善家庭有异常学生的教育环境，通过辅导员、学业导师、学长对家庭有异常学生进行帮扶。辅导员开展思想政治教育，引导学生转变观念，帮助他们树立正确的人生观和价值观。学业导师主动与学生沟通，在对学生进行专业知识的讲授时注重掌握他们的情感变化和思想动态。学长进行朋辈心理辅导，助学生自立自强。

第三，与家庭有异常学生的家长进行及时的沟通，通过家长对家庭有异常学生进行帮扶。注重与家庭有异常学生的家长进行沟通，与学生家长进行双向交流，老师把学生在校的生活学习的表现介绍给家长，同时了解学生在家庭生活中的个性和心理，引导学生与家长建立良好的亲子关系。

第四，培训学生成为朋辈辅导员，通过同学对家庭有异常学生进行帮扶。朋辈心理辅导员的优势就在于可以与家庭有异常学生生活学习在一起，在空间距离和心理距离上比专业的心理健康辅导员更进一步，这为朋辈心理辅导提供了极为便利的辅导条件，学院应该加强对朋辈辅导员的培训，帮助家庭有异常学生的学习和生活。

第五章

效能提起来——推行"工作清单"

高效能从哪里来?"华为工作法"是提升效能的好方法,工作清单是提升效能的好制度,而"素质银行"体系是激发潜能的有效举措,是立竿见影的绩效考评办法。这些都属于"锤头思维",需要铁板钉钉。

第一节 学习"华为工作法"

短短三十余年,白手起家的任正非就引领华为成为世界知名的通讯企业。究其原因,这与华为不断坚持的核心价值观和独特的工作方法密切相关。其中,"华为工作法"作为其企业发展的思考法则和工作准则,在华为诞生、发展、崛起的过程中起到了至关重要作用。

"华为工作法"缘起于华为在20世纪90年代中后期推出的文化纲领——《华为基本法》。《华为基本法》涵盖了远大的目标、崇高的情感，以及令行禁止的指示等内容。①

  2005年，为了企业文化教育和思想统一，团结外籍员工，华为制定了更加简洁凝练、便于教育和传播的新的企业文化释义，包括六大核心价值观：成就客户、艰苦奋斗、自我批判、开放创新、团队合作、至诚守信。这六大核心价值观奠定了华为工作法的雏形。

  现代学者对"华为工作法"的研究很多，他们发现华为人一个共同的品质能力——华为人在工作中非常注重讲究方式方法，并不断努力追求高效率，提高执行力。现代管理学之父彼得·德鲁克曾说："我们的经验显示，一个擅长的事情，通常就是他想从事的工作，工作意愿通常都基于工作能力。"

  因此，所有现代企业都非常注重把改进员工的工作方法，把"人岗匹配"作为头等大事来抓，使员工的潜力迸发。华为将此价值观从思想与行动上不折不扣地去执行，对人的能力进行有效的管理，从而造就了工作能力强、效率高的华为人。华为总裁任正非认为："对人的能力进行管理的能力才是企业的核心竞争力……很多员工在现实工作中遇到的困难和问题，根本原因并非在于自身能力不足，也不是自身努力不够，而是由于选择的工作方法不对。"②

---

 ① 楼河：《华为哲学概论》，南京：江苏文艺出版社2013年版，第66页。

 ② 张继辰：《华为卓越工作法》，深圳：海天出版社2014年版，第1页。

今天，大多数人所面临的工作窘境：每天很忙，但工作成效不大，有的甚至是越忙越乱。有些人经常抱怨：为什么自己总有忙不完的事情？彼得·德鲁克有一句名言："我们忙，忙对地方了吗？我们先要确定我们忙的是不是正确的事，我们是不是在用正确的方法做错误的事情，一个好的管理者，是不会忙成这样的！"诚如所言，大多数人之所以这么忙，是因为没有忙对地方，更深层次的原因是没有具备方法论素质，欠缺方法论素养，他们习惯于听凭自己的惯性、直觉，想到哪做到哪，想当然去做事情，或者是做事业不讲究方法。

研究"华为工作法"，总结华为这个标杆企业的工作方法，目的是更好地掌握科学的做事方法，将其运用到实际工作中，提高工作效率。

第二节　有"数"的工作清单

一般而言，如果工作内容多且较为抽象，开展起来就比较困难。因此，巧用一些工作方法，把复杂抽象的工作内容列出为具体的、可量化的、可操作性的有"数"的工作清单，在推动工作清单上下功夫，这样既有数据支撑，又能做到心中有数。同时，可以确保任务按时保质保量完成，提高工作成效。

一、挂图作战——甘特图的运用[①]

"想要时钟走得准,控制好秒钟的运行"。因此,想要高标准完成工作,要求必须执行工作管控,要用对方法,对目标进程进行合理地控制,才能实现"顾得了头,也要顾得了尾"的目标。"目标是否能够最终有效地实现,需要看执行的过程和结果,而目标的执行控制就显得尤为重要了。因此,我们要关注目标开展的过程,避免因为工作延误而影响最终的目标质量。"[②] 这种对于目标过程的关注,可以确保每一项工作都在自己掌控中。即使工作量再多,也能够在正确的时间内完成应该完成的工作。为了更好地对多项工作过程进行管控,我们可以借助一个有效的工具:甘特图。

软件学院在推进全国(省)党建标杆院系建设的过程中,制定了甘特图,实行挂图作战。标杆院系建设成员通过对标党建"双创"工作要求,制定甘特图,清晰项目建设目标定位,找准差距和努力方向,实现对标杆院系建设目标过程的管控,确保标杆院系建设的最终质量。

如图5-1所示,横轴表示标杆院系建设的时间,纵轴表示标杆院系建设的工作类型。图中以线条、数字、文字来表示各项目建设所需时间、计划进程、计划开始或结束时间等。通过

[①] 甘特图是一种以图示的方式,可以让人们直观地了解每一项工作的实施状态,保证工作进度按照计划有序地进行。

[②] 易生俊:《华为工作法(第二版)》,北京:电子工业出版社2017年版,第149页。

甘特图，可以知晓标杆院系建设中各类型工作的进度，及时关注还有哪些工作未做，哪些工作要做，哪些工作需要调整，以确保能够在规定的时间内完成整个项目。软件学院正是借助这一有效的工具，保证标杆院系建设的各项工作井然有序地开展，从而保持较高的工作效率。

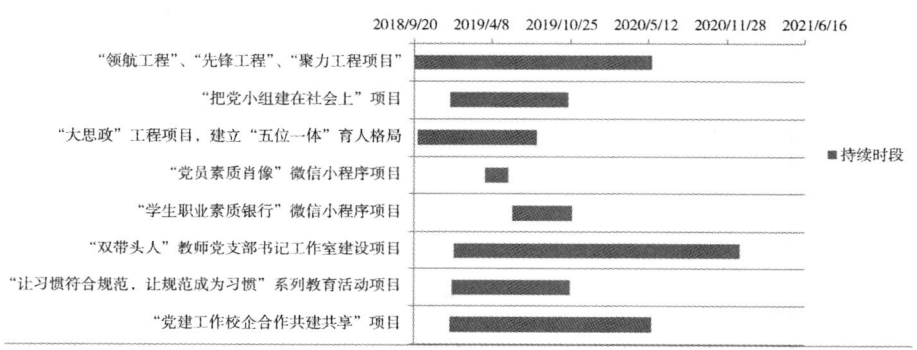

图 5-1　全国党建工作标杆院系建设进度甘特图

软件学院通过制定全国党建标杆院系建设项目甘特图，把建设内容、任务及进度以图表形式完成定格，再把甘特图在学院办公区域外墙上挂出来，让全院师生对各项目进展和阶段成果一目了然；同时，根据项目建设进度、成果，接受上级考核，与部门绩效考核和聘期考核挂钩。

二、"三量"模式双周工作清单

如前所述的华为工作法，其中很重要的一条是要目标清晰，工作内容饱满，有可实现性。明确任务目标，树立的目标要简单明了，要像"跳起来摘桃一样"这么简单，不能是"跳起来摘星星"那么遥不可及。

具体而言，目标要可衡量，能量化的量化，不能量化的质化，不要想着完成所有目标。其中，目标可衡量是指任何一个目标都应该有可衡量的标准，越是可衡量的标准，工作方向就越明确，越能指引正确的工作行为。任何目标必须是可衡量的，这样可以使人们在执行后或者执行过程中清晰地看到执行结果是否有效。华为在实施目标管理的过程中，非常注重目标的可衡量原则。他们在执行目标时总结了时量、数量和质量这三个关键的量化指标。这三个关键量化指标，既是布置工作的要求，也是衡量工作效果的指标，贯穿于工作完成的全部过程，缺一不可。① 他们将此归纳为"三量工作法"，并将其应用到实际工作中，如推行"三量"模式双周工作清单。

作为创新工作的手段，工作清单的逻辑起点在于用书面清单的方式记录某个时间段内，工作的方式、内容等事项，人们按照某些特定原则整理排序，以明晰工作内涵，以免出现工作遗漏等问题，从而规范、高效地开展工作。2013年，党的十八届三中全会决定，要求各地方政府要建立权力清单制度，"通过建立权力清单制度和相应责任清单制度，进一步明确地方各级政府工作部门职责权限，大力推动简政放权，加快形成边界清晰、分工合理、权责一致、运转高效、依法保障的政府职能体系和科学有效的权力监督、制约、协调机制、全面推进

---

① 易生俊：《华为工作法（第二版）》，北京：电子工业出版社2017年版，第8页。

依法行政。"① 此后，浙江、安徽、江苏等地相继发布各自的权力清单制度。

从以上三地②推行的实际情况来看，权力清单制度起到的作用是显而易见的，不仅起到了社会对政府依法行政的监督，又让政府可以照"单"全收，提高工作效率，这也是软件学院推行"工作清单"的应有之义。

软件学院面对"双高计划"高水平专业群建设的新目标、新挑战，先后出台并完善了一系列工作清单，严格项目管理。如表5-1所示，双周工作清单让每个部门的工作人员都能清晰地形成"三量"的概念，包括完成时间、完成数量及完成质量（如果取消任何一个"量"，结果都可能出现偏差），最终确保执行到位。即使是不同部门的员工，在执行同一项任务时，也能够达成目标要求，保证按时、同量、同质地完成任务。③

如表5-1所示，软件学院各部门通常根据具体的工作过程与内容，按照基本的工作流程设定相对独立的工作步骤，再设定时量、数量和质量指标。对于某些可直接量化的工作，从数量角度来衡量，如心理普查人数、谈话人数、查课次数、上课

---

① 中共中央办公厅、国务院办公厅：《关于推行地方各级政府工作部门权力清单制度的指导意见》，2015年3月25日。

② 关于三地权力清单制度实践的利弊与得失，详情参阅：罗亚苍：《权力清单制度的理论与实践——张力、本质、局限及其克服》，载《中国行政管理》，2015年第6期，第31页。

③ 易生俊：《华为工作法（第二版）》，北京：电子工业出版社2017年版，第8页。

表 5-1 软件学院双周工作清单示例

2019 年 11 月 1 日—2019 年 11 月 15 日

二级机构名称	项目名称	项目内容	完成时间	完成状态	责任人	参与人员	未来两周重点工作预报
标杆院系办公室	党建工作	省党建"双创"中期汇报工作（起草中期自评报告并制作PPT）	2 日	已完成	黄国辉	张雅静	制定"全国党建标杆院馆"建设方案及展馆相关文字撰写及排版
教务办公室	常规教学	起草青年教师说课方案及前期相关工作	12 日	进行中	杨海红	钟紫娟	开展说课技能竞赛
软件技术教研室	专业建设	教师工作设备性能提升	11 日	进行中	薛国伟	张健	过程考核课程结课
信管专业教研室	质量工程	大数据资源课程库建设	13 日	进行中	陈宝文	程东升	资源库建设
软件测试教研室	专业建设	学徒制	13 日	进行中	何涛	霍红颖	建设现代学徒制校外基地网站

（续表）

2019年11月1日—2019年11月15日

二级机构名称	项目名称	项目内容	完成时间	完成状态	责任人	参与人员	未来两周重点工作预报
学生工作办公室	团学工作	啦啦操、篮球赛、足球赛、辩论赛	13日	已完成	陆楷兴	辅导员	1. 啦啦操、篮球赛、足球赛、辩论赛；2. 心理普查、普查重点人员谈话。
	心理工作	心理普查	7日	进行中	陆楷兴	辅导员	
党政办公室	事务工作	博士招聘	12日	已完成	张雅静	陈晓薇	2019年专业技术岗位聘用

出勤率、发表论文数量、指导学生获奖等级及次数等。对于无法直接量化的工作，如对教务办老师工作的评价、辅导员的评价、党政办老师的评价及实训中心老师的评价等，从质量角度来衡量，将其质化。如专任教师对学院职能部门服务的满意程度，可以通过人员投诉率、发通知是否及时有效等来考量。目标的质化让工作完成的情况一目了然。工作完成后，目标能否达成有了一个可以把握的轮廓，一个可判定的尺度。

三、"相似对比法"算出的高效

为了明确任务目标，减少无效劳动，提高工作效率，软件学院在推进标杆院系展厅建设中，精准计算，用"相似对比法"算出了高效率。

展厅建设任务时间非常紧迫，要在一个月内完成将近500平方的土建、装饰、布展等任务，这是一项艰难的工作。但他们敢于啃硬骨头，讲究工作方法，终于"变不可能为可能"。

在准备布展内容时，他们遇到一个问题：一面长12米、高3.2米的墙，能展出多大容量的内容（包含多少个字、多少张照片）？当时，负责布展（软装）的公司设计师给出的答案是：500字，4张照片。

黄国辉书记发现这个数据不对，他借助"相似对比法"估算：原来的展板长3.5米、高1米、面积为3.5平方米，现在的展板长10米、高1.4米、面积为14平方米，原展板与新展板面积比是1:4。如果容量不变，则需将原展板文字、图片都按相似比1:2放大。考虑到观展距离与字号大小关系，确定原展板与新展板两者容量之比应为 1∶1.5，对应的相似比为 1∶1.6（1.6≈$\sqrt{4/1.5}$），这个比例比较合适。原展板的容量为 1000 字、6 张照片，由此确定新展板的容量约为 1500 字、10 张照片。再进一步推算出一个公式：1 张照片 = 100 字。就是说，每增加（减少）1 张照片，则减少（增加）100 字。按着这个公式推算，他们非常准确地计算出了每一面展板所需要的文字与图片数量，列出了"三量"工作清单，避免了无效劳动，使得布展内容按时高质量完成。

第三节　绩效快递（以"辅导员素质银行"为例）

最好的绩效考评办法不是"秋后算账"，而是类似于"记工分"的方式，让全体成员能够每天看到自己的绩效（积分）动态，这正是他们广泛运用的素质银行理念。这里以"辅导员素质银行"为例，介绍他们的做法和成效。

一、行动力+思考力=高素质

"辅导员素质银行"是指借助"银行储蓄"模式，建立辅导员工作数字化积分系统，将辅导员的综合素质和职业能力尽可能地量化为可增减的积分，形成一个全面衡量辅导员综合实力并提升辅导员职业能力的数据化系统。

"辅导员素质银行"针对辅导员职业能力的各项要求，重点考量辅导员知识、行为、技能等方面的显性素质，主要包括"行动力""思考力"两大部分,其中"行动力"包括学生出勤、公寓三比、文明宿舍、主题班会、谈心谈话、社团指导六个项目;"思考力"包括工作日志、学术科研、论坛参赛三个项目;另增设"其他"项目,包括临时工作、新增事项。

软件学院构建的"辅导员素质银行"这一全新模型,积分项目非常丰富,几乎涵盖了教育部对辅导员职业能力标准提出的全部要求。辅导员素质银行改变了以往"算总账"的做法,体现了前述"华为工作法"中的即时过程管理——每个单项工作或任何复杂工作的某个单元结束后,都能立即量化为积分。学生工作管理者根据积分高低,可以明显地分辨出辅导员工作绩效的高低。

二、数据逼出潜力

学院最初的想法较为简单,只是想设立一个素质测评系统,用来考核辅导员,激发辅导员干事创业的热情。后来发现,既可以运用银行的"储蓄理念"把素质积攒起来,又可以借鉴游戏积分的"激励原理",激发辅导员的潜能,提高辅导员工作的效率。也就是说,"辅导员素质银行"的意义不在于"测评",而在于"储蓄"和"激励"。

而且,通过"辅导员素质银行"积分动态数据的分析,可以发现辅导员整体或个体工作中存在的不足和问题。还可以发现辅导员工作的"主元"在哪里,影响力很小的"辅元"在哪里,从而能够实现用离散变量替代连续变量,用少数几个"主元"替代"多元"。① 而"主元",才是激发潜能的动力。

三、时效决定绩效

"辅导员素质银行"不仅建立了科学的评价机制,营造了公平竞争的环境,而且将辅导员的职业能力量化为素质积分,能够及时、即时公布。这种时效性能及时提升绩效,是其他考核方式所不具备的。通俗地说,素质银行就是给每个辅导员发一个漂亮的"素质钱包",让辅导员往这个"钱包"里攒"钱"(素质),让自己的"钱包"迅速鼓起来。

有了"素质银行"这个新载体,辅导员的每个单项工作或任何复杂工作的某个单元结束后,都能立即转化为积分。"辅导员素质银行"的实施,使得辅导员团队的每个成员都高度关注自己的积分变化,以及不断变化的"最高分",辅导员团队中的每一个成员,不必等到学期(学年)结束,就能随时知晓自己的工作绩效以及差距所在。而这个动态的"最高分"即是辅导员这个团队的"鲶鱼",他能激发那些安于现状

---

① 关于"主元"与"多元",黄国辉认为,"主元"是指在构成某一事物的诸多元素中,起主导作用的极少数几个要素。也就是说,只保留这些"主元",去掉其他元素,不会使该事物产生质变。当一个积分(评价)系统里,有太多元素(变量)时,如果某些元素对整体影响力很小(在整体的比重合起来也不足20%),可以将这些"辅元"忽略不计,即用"主元"替代"多元",这种做法正是应用了"矛盾论"中抓主要矛盾的相关原理。

的"沙丁鱼"型辅导员的工作激情和活力。①

有了"素质银行"这个新的载体,辅导员们能更深刻地领悟素质与能力的辩证关系,理解职业能力需要内化为素质才能获得实质上的提升,从而更加关注自身素质的积累和提高。②

"辅导员素质银行"的实施,使得辅导员工作考核和评优评先有了公正、权威的数据,而且对辅导员团队建设产生了"鲶鱼效应",团队中每个个体的潜力都得到了激发,整体的工作效能自然也大为提高。同时,辅导员的职业能力也得到了提升,并有效地克服了职业倦怠,提高了职业认同感,激发了持续的工作激情。由此可见,"辅导员素质银行"作为高校辅导员职业能力的创新模型值得进一步推广,并在实践中不断修改、补充和完善。③

---

① 刘颖、黄国辉、程建伟:《基于素质银行的高校辅导员职业能力模型创新研究》,载《学校党建与思想教育》,2014年第24期,第45—46页。
② 刘颖、黄国辉、程建伟:《基于素质银行的高校辅导员职业能力模型创新研究》,载《学校党建与思想教育》,2014年第24期,第45—46页。
③ 刘颖、黄国辉、程建伟:《基于素质银行的高校辅导员职业能力模型创新研究》,载《学校党建与思想教育》,2014年第24期,第45—46页。

镰刀篇

推进创新

　　镰刀是横向思维、发散思维,是以结果(成果)为导向、不拘一格、快刀斩乱麻、快速彻底解决问题的思维方式,适用于攻坚克难。

第六章

提素养——画好"党员素质肖像"

构建"素质银行"体系，是软件学院党总支运用"镰刀思维"进行的创新探索之一。而且，2015年8月他们就有了"素质银行+"的思路，当时已经提出了"党员素质银行"的概念，但直到"两学一做"主题教育活动开展后，他们才制定"党员素质银行"积分办法，于2016年6月6日启用，先后在计算机学院、软件学院各党支部实施。把"党员素质银行"纸质版升级为"党员素质肖像"微信小程序，则是标杆院系获得立项后才着手进行的举措。

第一节 "党员素质银行"应运而生

建立"党员素质银行"的关键，在于党员对这个系统的理念和积分办法是否认同——认同则有效，不认同则很容易夭折。为此，他们在实施前做了耐心细致的宣讲（解读），并以党支部为单位诚恳地征求全体党员的意见，在此基础上对积分办法加以修订、完善。

一、党员素质是否可以量化（积分）

高校教师习惯于从学术的角度看问题，尤其是对于新生事物，老师们最先考虑的问题不是"怎么做"，而是"要不要做""为什么要做"。为此，党总支先从源头上打消老师们的顾虑。他们指出，即便是"素质"的概念，学术界也没有统一的定义，但这并不影响我们对"素质"内涵的理解。素质是否可量化同样是学术问题，按照大数据理论，一切皆可量化，素质当然可以量化，但这并不意味着素质很容易被量化，更不意味着所有的素质都应该量化。

学术讨论和工作要求是不同的两个范畴，即便学术界对"素质量化"有争议，也不影响我们对"党员素质银行"的实施，历史上许多先进的、优秀的理论，正是在实践中不断探索、总结、提升而形成的。

二、为什么建"党员素质银行"

素质银行和传统的量化考核不同，它不是只盯住结果进行考评，而是用"数据"的形式记载做一件事的过程（尽量做到把主要细节量化为数据），并对最终完成这件事起到激励、督促、增效作用。

"党员素质银行"，是把他们已经成功实施多年的两大"素质银行"（大学生素质银行、辅导员素质银行）的理念运用到党员教育管理之中，是贯彻落实"两学一做"的长效机制之一。这个机制（载体）能够比较客观地评价党员在这项重大活动中的表现，而且在活动结束后仍然可以发挥其作用。

三、怎样运行"党员素质银行"

"党员素质银行"由各党支部书记负责落实,支部委员或"两学一做"学习秘书(原则上由支部宣传委员担任)协助。

各位党员在党员素质银行积分的记载、反馈方法是:支部书记或学习秘书根据可直接采集的数据计分,如微信群推送学习内容次数、会议签到、分享心得体会、讲党课情况等;由党员本人申报并提供佐证材料,经支部书记审核,由学习秘书计分,如获奖情况、发表论文、谈心谈话、走访宿舍等。

"思想先进"和"乐于奉献"两个板块的积分,原则上每月记录一次;"专业过硬"板块的积分,原则上每学期记录一次。各党支部党员素质银行的积分情况每月反馈一次,也可以根据特殊需要即时反馈。

四、"党员素质银行"好在哪里

和传统的百分制测评相比,党员素质银行"积分法"的优势主要体现在两个方面:第一,分数不封顶,达到底线后还可以继续无上限地积分,所以具有竞争性,能真正体现"创先争优";第二,党员能及时了解到自己和本支部其他党员的积分情况,看到自己的优势和差距,以便及时"补课"(不会出现活动结束后才发现自己做得不好)。

五、"党员素质银行"积分办法

积分办法不复杂,分三大板块共12个积分点,内容如表6-1所示:

表6-1 "党员素质银行"积分办法

内容	序号	积分项目	积分标准
思想先进	1	自觉学习	自觉学党章学讲话，关注共产党员、深圳先锋等公众号，并在支部微信群推送或转发相关学习内容，本人原创每次计5分，转发每次计1—2分（每人每周第一次计2分，第二次计1分，第三次以后不计分）。
思想先进	2	组织生活	按时积极参加党支部的组织生活会等"三会一课"，每次计10分。认真听党课并提交心得体会，每次计10分。
思想先进	3	读书活动	积极参加读书活动，在会上分享读书体会并提交纸质版心得，每次计10分（无书面稿只计5分）；推荐书籍并撰写推荐语，每本计5分。
专业过硬	4	讲党课	在支部上党课或给学生党员、入党积极分子讲党课，每次计10分。
专业过硬	5	个人荣誉	校级计10分，市级、省级、国家级分别计20、30、40分。
专业过硬	6	认真上课	教师：认真上好每一堂课，获得教学质量优秀者，每次计20分。学生：成绩加权平均全班第一名计10分，第二名计8分，第三名计5分，主干课程专业排名第一获单科奖学金者，计15分。
专业过硬	7	学术论文	教师：一般刊物发表每篇10分，核心期刊发表每篇20分，SCI收录每篇30分。学生：毕业设计优秀，计10分，在学报上发表论文，每篇20分。

（续表）

内容	序号	积分项目	积分标准
专业过硬	8	技能竞赛	本人（或指导学生）参赛，市级三、二、一等奖，分别计10、15、20分；省级分别计20、25、30分；国家级分别计30、35、40分。（同次多个学生获奖只按单个最高级别计一次）
	9	创新创业	获得校级创业项目，计15分；获得市、省、国家专利，分别计20、30、40分。
乐于奉献	10	公益活动	教师：参与班会、团日活动等学生活动，每次计5分；举办公益讲座，校内每次计10分，校外每次计20分。 学生：校外志愿服务每小时计2分，校内无偿服务每小时计1分。
	11	帮助学业	教师：帮扶并转化学业困难学生，或者帮助学生舍友提升学业能力，并撰写相关谈话记录，校内每次计5分。
	12	关心生活	教师：关心学生生活，走访学生宿舍，每次计5分。 学生：校级文明宿舍，每次计10分；院级文明宿舍，每次计5分。

说明：积分底线为80分，参评优秀党员要求120分以上，其中思先进积分50以上。

第二节 "党员素质肖像"崭露头角

"党员素质银行"实施以来,党员获取积分从被动到主动,从教师党员扩展到学生党员,"比一比""晒一晒"积分,成为党员参加组织生活必不可少的一环,素质积分也成为党员评先评优的主要依据。然而,随着新媒体时代的到来,前期采取的纸质积分方式已经逐步被淘汰,尤其是针对青年大学生,采用新媒体积分方式,才能引起学生的关注、激发学生兴趣,让学生自觉参与到积分中来。微信小程序,对于当代青年大学生而言,有着方便、快捷、时尚的优势,尤其是相对于APP而言,微信小程序占用空间小,不用单独下载,深受广大青年学生喜爱。为此,他们将"党员素质银行"与微信小程序相结合,试图创建一种新型的党员积分模式——"党员素质肖像"微信小程序。

一、小程序也能大作为

"党员素质肖像"这个概念的提出,综合了软件学院党政班子成员的集体智慧:蔡铁院长提出,"智慧党建"应突出"个性化"需求,这是"智慧"的本质特征;王寅峰副院长提出,形式上应活泼些,如采用"数字肖像";黄国辉书记三句不离本行(银行),提出"智慧党建"要立足现有成果,应以党员素质银行为基础。于是,组织员张雅静提出"党员素质肖像"概念。他们认为,基于个性化的需要,试点不宜采取公众号或 APP 形式,用微信小程序比较合适。

2018 年 9 月 25 日,学校党委书记刘锦、副书记张武召集软件学院党政班子成员共商"智慧党建"试点工作。软件学院汇报了关于这个项目的初步探索,提出了"党员素质肖像"这个新概念,这是一个"行为—数据—画像"的过程,即把日常行为量化为数据,再把数据转换为肖像。

副书记张武认为"党员素质肖像"的理念新,具体做法既直观又活泼,对党建工作有推动、有帮助。

书记刘锦讲了五点意见:第一,我一贯强调党建工作要"高站位、小切口","党员素质肖像"这个切口不错。第二,做一件事之前,先要搞清楚内在逻辑关系,做好顶层设计,以免走弯路。例如,现在这个项目要考虑微信小程序究竟能走多远?会不会昙花一现?第三,"智慧党建"不管怎么做,最终要回归原点,即解决党建工作的"痛点",要搞清楚这个"痛点"是什么。第四,要有更大的视野,用大数据做大思政。第五,试点要做到"四个结合",一是与上级组织关于党建工作的各项要求相结合;二是党建工作要与业务工作相结合;三是与"标杆院系"建设相结合;四是与"奋进计划"相结合。

就这样,由软件学院学生自主研发的"党员素质肖像"微信小程序于 2019 年 5 月 20 日上线,该小程序基于"党员素质银行"开发创建,助推学院党建工作智能化、科学化、便捷化。

二、"行为"与"画像"互联

"党员素质肖像"不只是一个概念或者一个应用程序，而是创新了一个工作理念，是新时代高校"智慧党建"的创新探索。

"党员素质肖像"的造型是一个红军战士，"画像"与"行为"的对应关系是：头部对应"思想先进"，身体对应"专业过硬"，手和脚对应"乐于奉献"。当每个板块积分达到60分时，相应的板块肖像由暗变亮。之后，随着分值的增加，肖像的功能增多，可更换衣物、鞋子和装饰，也可更换背景。

更重要的是，为了让自己的肖像更完美，"战士们"需要根据自己形象存在的缺陷进行"补课"，增强自己的行动力，提升自己的素质。也就是说，行为决定画像，画像可反作用于行为。

"党员素质肖像"小程序，通过"行为—数据—画像"的循环转换，实现了知与行、数与形的完美结合。

三、个性化的"智慧党建"

作为一个立足于个性化"智慧党建"的小程序，"党员素质肖像"还需要在功能上拓宽，在技术上革新。当前已经有不少个性化功能，如"日行一善"板块可记录党员师生每日的善行善举并转化为积分；他们积极对接学校其他小程序，为学生提供便利，如"党群服务中心"可以直接链接到学生工作部"服务中心"的一些基本功能；他们还积极拓展功能外延，如定期录入学习强国积分,系统会自动把学习积分折算为素质积分。

经过半年多的运行和探索,"党员素质肖像"初见成效:

第一,"党员素质肖像"是党建工作信息化、科学化、精细化的助推器。"党员素质肖像"涵盖范围广、内容多,肖像的变化,让党员教师和学生可以及时看到自己的缺失,及时查缺补漏。支部党员同时也可以看到其他党员的积分与肖像情况,时刻督促自己力争上游、避免落后,形成良好的竞争机制和氛围。肖像不断完美的过程,就是党员日趋优秀的努力过程。

第二,"党员素质肖像"是党员师生开展有效教与学的催化剂。在"党员素质肖像"小程序中,有一个类别叫作"专业过硬",涵盖了"个人荣誉""认真上课""技能竞赛""创新创业""学术论文"等。这让广大党员认识到,作为一名优秀的共产党员,不仅要思想政治素养高,在专业知识技能方面,还要有好的成绩、高的水准,要起到表率作用。

第三,"党员素质肖像"强化了"互联网+思政",是网络育人的孵化器。在思政课堂板块,有丰富的思政内容供党员学习参考;在活动思政板块,有各类党团活动和义工活动供学生党员、积极分子等报名参加;在素质肖像板块,有每位党员或入党积极分子的素质积分和自己独特的肖像。这些都极大地调动了学生学习实践的积极性,提升广大党员的党性意识和综合素养。

2019年底,学校兴建了"软件学院展厅","党员素质肖像"微信小程序作为展示的两个小程序之一(另一个是"职业素质银行"微信小程序），引起了来宾的浓厚兴趣和关注，不少兄弟院校的同行提出共建需求，他们将在优化、完善的基础上，做一些力所能及的努力。

第三节 "党员素质肖像"迭代升级

任何事物都有一个从小到大、从弱到强、从胜利走向胜利的过程。"党员素质肖像"小程序连同相关联的"职业素质银行"小程序上线后，他们一直在努力做好两件事：对内提升素养；对外辐射推广。

一、小程序进入课程思政

2019 年 9 月，软件学院开设了两门新课——《"党员素质肖像"小程序的设计开发与实施》和《"职业素质银行"小程序的设计开发与实施》，分别开设 14 周，每门课程 96 学时。课程颇受学生青睐，作为专业选修课，选课人数大大超出计划数。按教学计划，每门课程开设了 2 个班级，每个班级 50 余名学生。

值得一提的是，这两门课程不是普通意义的课程思政，因为课程中的思政教育内容和专业技术学习已经"长"在一起，完全融为一体。下面以《"党员素质肖像"小程序的设计开发与实施》为例，介绍相关做法。

（一）课程设置的意义

在小程序日益流行的今天，小程序设计开发已成为程序员不可或缺的专业技能，该课程对接最新专业技术，从思政和技术两个维度，融合培养综合型技能人才，提升学生核心竞争力。

（二）课程难度设计

依据企业应用级别及学生实际技能知识，定制比其他课程高但比企业级应用低的难度标准，对课程进行设计。既能激发学生专业学习的兴趣，又不会产生畏难情绪，有效地提升学习效果。此外，小程序的界面设计，通过卡通的风格吸引了学生的眼球，使学生爱上课堂。

（三）课程设置的架构

党员素质肖像小程序课程分三个阶段：第一阶段为小程序基础知识学习，第二阶段为党员素质肖像小程序的界面设计，第三阶段从设计图用代码进行还原。课程内容共六章，前两章主要教学内容如下：

第一章 初识微信小程序

主要教学内容：
1. 讲解什么是微信小程序。
2. 其他平台的小程序及html5开发小程序的流程。

3. 融入思政内容：与学生分享微信创始人张小龙的故事，被誉为"微信之父"，被华尔街日报评为"2012中国创新人物"。

教学要求：通过本章教学，让学生了解微信小程序的历史、出现背景及理念，对比分析APP与小程序的优点与缺点，以及小程序和APP的不同适用性。了解创始人张小龙的故事，让名人故事激励、引领学生职业发展路径。

第二章 "党员素质肖像"小程序

主要教学内容：

1. 介绍"党员素质肖像"小程序开发的背景与理念。

2. 从开发背景提炼软件需求。

3. 需求分析拆解为子任务并逐步提炼。

4. 对照党员素质积分办法核对需求。

5. 融入思政内容：结合"党员素质银行"积分办法，与学生分享党员素质涵盖内容，展示丰富多彩的党员活动，强化党组织的吸引力。

教学要求：通过本章节的教学，让学生了解党员素质丰富的内涵，细化了解"党员素质银行"积分办法，让学生提炼需求转化为任务，把大任务拆解为小任务进行设计。

二、送礼就送"小程序"

关于两个小程序，有不少有趣的故事，这里讲一讲汕尾职业技术学院蔡校长索要"定制版小程序"的故事。

2019年12月上旬，汕尾职业技术学院蔡昭权校长一行，莅临软件学院参观指导，对他们的党建和业务工作双融双促大加赞赏，尤其是参观体验了他们的小程序后，更是表达了浓厚的兴趣，希望他们把这两个小程序作为"帮扶工作"的礼物送给他们。月底，学校党委刘锦书记一行前往汕尾职院交流工作，其间软件学院党总支黄国辉书记与汕尾职院有关领导正式签署了《党建微信小程序合作共建协议》，协议主要内容如下：甲方（深圳信息学院）基于全国"党建工作标杆院系"建设成果，帮助乙方（汕尾职院）建立"党员素质肖像""职业素质银行"两个微信小程序，预计2020年6月前完成在乙方信息工程系的上线，尽早推广到乙方全校；甲、乙双方加强基层党建工作交流，形成"党建工作资源共建共享"机制。

微信小程序（软件）和普通礼物（实物）不同，送微信小程序不是简单的"再生产"或复制、粘贴，它涉及两校党员、学生管理办法"交集"的大小：交集大，则可以直接照搬，或稍做修改；交集小，则需要重新量身定制。

为了让客人对"礼物"满意，他们专门安排了一次调研活动，调研内容包括：（1）学习——汕尾职院相关部门领导介绍党建、思政、学生管理等方面工作经验和典型案例；（2）分享——他们按照两校签订的"结对帮扶协议"的要求介绍"标杆院系"建设情况；（3）摸底——汕尾职院相关部门领导介绍党员教育管理、学生综合素质评价方面的已有做法；（4）磨合——双方就两个微信小程序相关细节进行交流；（5）决策——初步形成合作共建两个微信小程序的方案。

目前，他们正在抓紧为汕尾职院"生产"礼物，走好党建工作资源共建共享、辐射带动的第一步。

第七章

挖潜能——创建"职业素质银行"

职业素质银行是一个针对高职学生综合素质的动态量化评价系统,它经历了军训管理积分、素质银行(存折记分、电子版计分系统)、学生职业素质银行小程序等发展阶段。职业素质银行的深入研究和进一步发展,有望改进传统的就业指导课程,为大学生职业生涯规划提供一条全新的路径。

第一节 缘起:从军训管理积分到素质银行

素质银行起源于 2011 年 10—11 月学生军训期间,其雏形只是一个在 2011 级新生中试行的军训管理积分办法(详见表 7-1)。

表7-1 军训管理积分办法

序号	积分项目	积分	积分内容
1	军事理论	100	1. 参加军事理论考试并通过者，计100分；2. 参加军事理论考试但未通过者计30分，补考通过者加50分；3. 无故缺席军事理论考试者0分。
2	军事技能	200	1. 坚持参加训练，圆满完成军训任务，计200分；因身体原因进入病号连，每天扣10分；2. 被评为优秀标兵（学员）加50分；被选入特种表演项目训练连队的，加30分；两者兼备者，加80分。
3	内务整理	100	1. 各项内务符合规范，计100分；2. 主动打扫宿舍卫生的，每次加5分；3. 不叠被子、床铺脏乱的，乱丢鞋子衣服的每次扣10分。
4	军容礼仪	100	1. 军容严整、文明礼貌者，计100分；2. 未按要求穿着军服、军帽的，每次扣10分、5分；3. 无问候者，每次扣5分；4. 与教官发生冲突，或者顶撞教官，每次扣20分；5. 辱骂老师或同学，每次扣20分。
5	出勤情况	100	1. 军训期间全勤者计100分；2. 无故旷训，本分项计0分；3. 请假并经过批准的，根据请假天数扣除相应积分。
6	宣传稿件	100	1. 投稿达到要求加50分；2. 被登载到军训简报上的稿件，每篇加20分；3. 在广播里播出的稿件，每篇加10分。
7	积极进取	50	1. 主动递交入党申请书计30分；2. 积极递交思想汇报，每篇加10分。
8	组织能力	50	1. 军训期间，协助教官或老师组织训练、会议或活动，计10—30分；2. 军训期间，各项活动表现出组织协调能力和领导才华的，酌情计分。

(续表)

序号	积分项目	积分	积分内容
9	文艺素质	50	1. 参与文艺演出排练，加 20 分；2. 表演节目时担任主角，再加 10 分。
10	团结互助	50	1. 团结帮助同学无不良记录，计 50 分；2. 关心照顾生病的同学，加 10—30 分；3. 无事生非、吵架者，每次扣 10 分。
11	遵纪守时	100	1. 按时参加各项训练、会议、活动，计 100 分；2. 各项训练、会议或活动迟到者，每迟到 1 分钟，扣 5 分。
12	环保行为	100	1. 在公共场合吸烟，每次扣 20 分；2. 离开会场、操场等场所，不带走垃圾，每次扣 10 分；3. 不节约水电，不随手关开关，每次扣 10 分。

军事训练是大学生入学后非常重要的一课，它集中体现了大学生的综合素质。为强化军训管理，他们推行军事训练专项积分办法，该积分办法包括军事理论、军事技能、内务整理、军容军纪、出勤情况、遵纪守时等各方面。这个可操作、可量化、可增减的积分办法，在大一新生中起到了引导、约束、激励的作用，效果明显。

军训结束后，鉴于军训管理积分办法在大一新生中起到了较好的引导、激励作用，他们在此基础上制定了《日常行为素质储蓄办法》，后简称为素质银行之"'行'支行"；制定了《专业素质储蓄办法》，后简称为素质银行之"'知'支行"。同时，他们把《军训管理积分办法》改称为素质银行之"'体'支行"。至此，"素质银行"1.0 版本基本成型。

第二节　改进：从纸质版存折到电子版表格

众所周知，银行是储蓄存款的地方。账户中的钱时而增加，时而减少，是个变量。存折是银行储蓄最重要的纸质媒介，它作为传统的银行存取款凭证，具有直观方便，便于核查统计、保存、公允性好的特点。通过存折上一笔一笔白纸黑字的展现，可以清晰地看到自己的存款账目及取款明细流水记录。

同样，大学生的综合素质也是个变量，有一个积攒的过程。他们借鉴银行存折的功能，制作了大学生素质银行存折。

由图7-1可知，素质银行存折是学院向学生提供的素质积分个人活期账户。账户包含账号（户名、班级、学号）、签发日期、上期累计积分、银行签章（学院公章与学院党总支公章）、账户流水明细记录（日期、项目、积分理由、存入或支出、结余、积分人及审核人）等内容。按照规定，手持存折的学生每次将符合加分的项目及理由手写录入账户中，并对照加分项目录入（存入）相应的分数，得出结余余额，由记分人统一计分签名确认，辅导员做最终审核签发才算有效。待学期末进行学生评优时，每个学生结余的余额作为重要的参考依据。

随着电子产业迅速发展，正如使用方便快捷的银行卡取代存折正成为一种趋势一样，他们对"素质银行"也进行了改进，由纸质版存折改进为电子版积分系统。有位学生专为"素

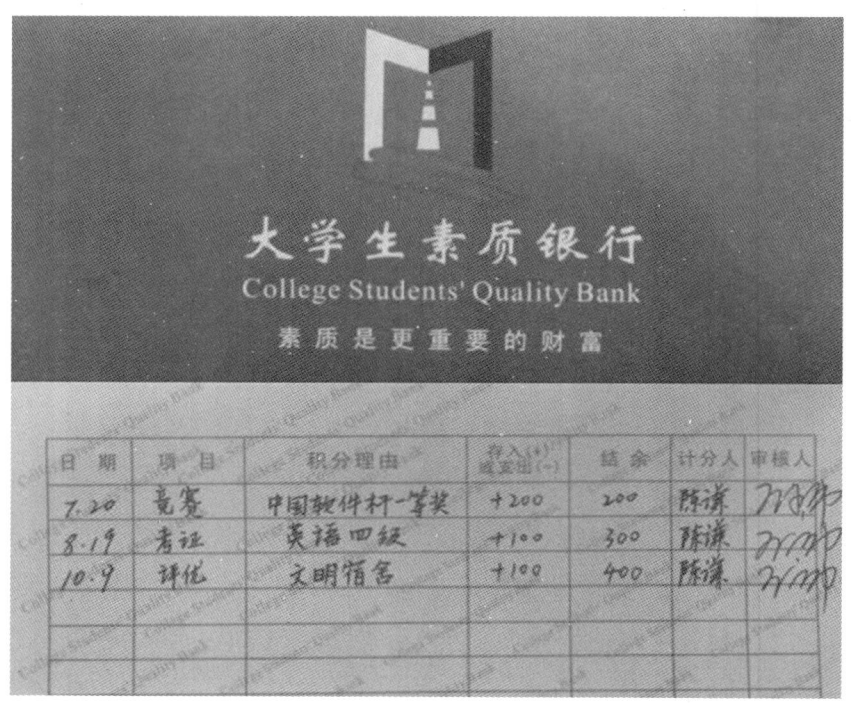

图 7-1 大学生素质银行存折

质银行"研发了一个"数据库",只要把学生的各项积分上传,就能自动生成累计积分。由此,素质银行的运行便可"自动化",各班不再需要5名经理,只需2名经理即可,其他的经理便可裁减。

2014年,学院对大学生各种可量化考核的素质进行了梳理和分块,在素质银行下设了四大支行,即:"知""行""劳""体"。具体而言,"知"支行——旨在激励学生努力实践"求学求真求发展,创新创业创未来"的校园精神,认真完成学业,提升职业素养和技能;"行"支行——旨在规范、约束学生的日常行为,并养成良好的习惯,让习惯符合规范,让规范成为习惯;"劳"支行——旨在通过考评各类学生干部、社团(协会)会长和素质银行经理的工作和业绩,提升学生自我教育、自我管理、自我服务等方面的效能;"体"支行——这是为大一新生军训期间管理特设的专项,也是他们创建素质银行最早的雏形,后来增加了"体测""体商"活动等方面的内容。①

这四大支行分别对应学会求知、学会做事、学会共同生活、学会生存和发展这四大教育支柱。

由表7-2可知,"知""行"两个支行是素质银行的主体和核心。为了更准确地考量学生素质,发挥素质银行的积极作用,2014年12月,他们在完善素质银行理论方面做了两个重大改进:一是把四大支行简缩为"行""知"两大支行,即把原来"劳""体"积分项目分拆到这两个支行中。二是改进"素质银行总分"的计算办法,原来的算法是"总分=各支行积分的和",这是线性的"一维算法";改进后的算法是"总分=各支行积分的积",这是平面的"二维算法"。为什么要这样改进算法呢?

---

① 黄国辉、沙苗苗、张翔:《"素质银行":培养与提升高职大学生综合素质路径探新》,载《深圳信息职业技术学院学报》,2013年第4期,第59—62页。

表 7-2 素质银行各支行主要积分项目

	"知"支行	"行"支行	"劳"支行	"体"支行
主要项目	学业	上课与晚自习考勤	担任团学干部	军事理论考试
	考证	公寓安全三比	担任社团会长	军事技能训练
	竞赛	文明宿舍评比	担任素质银行经理	内务整理与军容
	论文	参加讲座、会议或活动	担任辅导员助理	礼仪与互助
	毕业设计	志愿服务（义工）	其他无偿服务工作	军训宣传稿件
	阅读经典	创业与社会实践活动	各种评先评优	环保行为

数学中有一个原理：如果两个变量的和为定值，那么这两个变量的取值越接近，它们的乘积越大。同样的道理，一个人行与知两方面的素质越接近越好。反之，如果行与知两方面的素质一长一短，甚至差距很大，那么他的综合素质就有隐患——这就好比人的两条腿，一长一短，走起路来必然一瘸一拐。

如图 7-2 所示，他们以"行"支行的素质积分为横坐标，以"知"支行的素质积分为纵坐标，建立一个素质银行直角坐标系，把"素质银行总分"（综合素质）定义为行（行为素质）与知（专业素质）两者积分的乘积，即图中矩形面积，用公式表示就是：综合素质 = 行（行为素质）× 知（专业素质）。

这样做的深层含义是："行"与"知"是两种性质不同的素质，两者不可替代，也不能直接互为转化，简单地把它们相加并用以衡量"综合素质"是不科学的。因此，应该把"行"

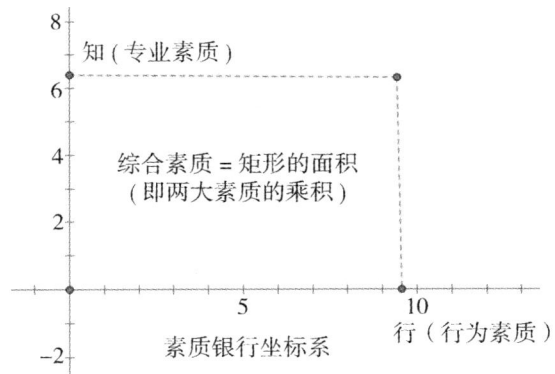

图 7-2 素质银行总分"二维算法"示意图

与"知"作为两个维度,用两者素质积分的乘积来衡量"综合素质"。

第三节 完善:增加"职业指导"功能

为瞄准高职学生未来职业发展的素质要求,探究并实施"第二课堂成绩单",以定性和定量的方式,实现对全体学生职业素质的"在线考核",为学生职业素质教育和动态管理寻找新路径,软件学院将素质银行进行再扩展,加入了"职业"元素,升级为"职业素质银行"。

"职业素质银行"不是对原有"素质银行"的简单延伸和拓展,而是在内容上加入更多元素,使其更直观反映学生综合素质。不仅如此,职业素质银行还瞄准高职学生未来职业发展的需求,实现全体学生职业素质的"在线考核",完成了考核内容由定性向定量转变,考核机制由软性约束向硬性促进转变，考核方式由人工考核向智能考核转变。职业素质银行积分内容如表7-3所示。

于是，"素质银行"2.0版本——职业素质银行成型，分为健康生活、学会学习、人文底蕴、科学精神、责任担当、实践创新六大一级指标。① 一级指标下又细分若干二级指标对学生进行定性与定量考察。

"职业素质银行"将学生职业素质发展的先进性指标像银行的业务指标一样进行积分量化，积分就如同衡量学生职业素质的一把尺子，积分高表示活力强、态度好、发展好，积分低表明活力弱、态度差、发展不足。

"职业素质银行"的实施，有效减少了学院学生上课迟到、早退情况，确保班级学生出勤率保持在98%以上；学生公寓生活更加健康、文明、规范，晚归、不归的行为得到有效的遏制。尤其是2018级同学，入学至今"公寓三比"违规率为0；听讲座、进社团、读经典的学生覆盖率达70%；参与各种讲座、校园活动的积极性、主动性得到提升；基本实现"人人参与社团"。而且在校运会上，软件学院连续两年总分名列全校第一。

---

① 这里的一级指标和二级指标的定性部分，引用了《中国学生发展核心素养》的表述，但定量分析、积分办法则是结合本校（院）实际情况，沿用了"素质银行"的项目。

表7-3 职业素质银行积分内容

一级指标		二级指标	积分办法
健康生活	定性	珍爱生命	**第01条 公寓三比，底分100分。**桌面上有香烟、烟具；乱扔烟头；违规使用电器；未关好电源；乱拉接电源、网线；点燃蚊香；晚归；未归。违反其中任何一项，每项每次扣1分；如属集体违规，扣违规宿舍成员每人0.5分。
		健全人格	**第02条 文明宿舍，满分100分。**评上校级文明宿舍，宿舍成员每人加10分；评上院级文明宿舍，宿舍成员每人加5分。
		自我管理	**第03条 体商社团，满分200分。**早起训练营：早起习惯坚持21天，加10分；早起习惯坚持180天，加30分；早起习惯坚持365天，加100分。快乐减肥团：体重减去自重5%者，体重减去自重10%者，加30分；体重减去自重13%，加100分。乐跑团：里程数达100公里加10分；里程数达300公里加30分；里程数达1000公里加100分。社团负责人加10分。
	定量	公寓评比	
		体商活动	**第04条 体测成绩，满分100分。**按体侧最好成绩等量计分。

（续表）

一级指标		二级指标	积分办法
会学学习	定性	乐学善学	第05条 上课出勤，满分200分。每学期底分40分，非公假、病假的请假事假处理，未清假或未经批准的请假按旷课处理，扣分细则如下：每旷1节课扣0.6分；不服从安排上晚自习，每晚扣0.6分；事假每节课扣0.3分，凭医院证明病假每天扣1分；迟到早退不超过15分钟，每次扣0.3分，迟到超过15分钟按旷课处理。
		勤于反思	
		信息意识	
	定量	上课出勤	第06条 学业积分，满分200分。每学期底分40分，挂科每门扣10分，补考或重修获得学分加5分。
		学业成绩	第07条 成绩排名，满分100分。学期考试科目加权平均成绩名列全班前5名，第一名加10分。第二名加9分，以此类推，第五名加6分；排名第一获单科奖学金者，每科加10分。
人文底蕴	定性	人文积淀	第08条 阅读经典，满分200分。读励志类人文书籍，凭读书笔记或心得体会，视书籍篇幅和任课材料每本酌情加2-5分。
		人文情怀	第09条 人文社团，满分200分。参加"相约图书馆"等人文社团，按第二课堂"组织频率×参与率×100"计分；社团负责人另加10分。
		审美情趣	
	定量	阅读经典	第10条 讲座培训，满分100分。全程参加校院组织的各类培训、讲座、活动等，每次加2分；缺勤每次扣1分。迟到不超过15分钟，加1分；迟到超过15分钟或早退者，按缺勤处理。
		社团活动	

（续表）

一级指标		二级指标	积分办法
科学精神	定性	理性思维	第11条 竞赛积分，满分300分。(1) 获国家一至三等奖，分别加50分、40分、30分；获省一至三等奖，分别加40分、30分、20分、10分。(2) 获校一至三等奖，分别加20分、10分、5分，参与加3分；获院一至三等奖，分别加10分、5分、3分，参与加1分。
		批判质疑	
		勇于探究	
	定量	技能竞赛	第12条 科技社团，满分200分。乐创俱乐部等科技社团，按第二课堂"组织频率×参与率×100"计分；社长加10分。
		科技社团活动	
责任担当	定性	社会责任	第13条 志愿服务，满分400分。校外志愿服务每小时加2分，校内无偿服务每小时加1分；参加社会实践活动，需提交书面报告，一般项目加5分，优秀项目加7.5分，精品项目加10分。
		国家认同	
		国际理解	
	定量	志愿服务	第14条 表率作用，满分100分。每学期统计一次，部长、副部长分别加5分、4分、3分，起表率作用的预备党员、入党积极分子分别加5分、3分；校院团学主要干部，班委分别加10分、5分、2分。
		表率作用	

（续表）

一级指标		二级指标	积分办法
实践创新	定性	劳动意识	**第15条 考证积分，满分300分。** 取得毕业必备职业资格证书或英语CET四级者，其他职业资格证书，初级加10分，中级加20分，高级加30分；特级由行长审定加50分。
		问题解决	**第16条 创业积分，满分200分。**（1）获得学校创业项目加50分，牵头人加50分，其他成员加25分；项目完成并通过验收，再按前述标准加分。（2）获得学校创业训练项目者，牵头人加30分，其他成员各加15分；项目完成并通过验收，再按前述标准加分。（3）参与创业或职业生涯规划大赛，获国家一至三等奖，分别加50分、40分、30分；获校一至三等奖，分别加40分、30分、20分；获市一至三等奖，分别加30分、20分、10分；获省一至三等奖，分别加20分、10分、5分，参与加3分；获院一至三等奖，分别加10分、5分、3分，参与加1分。
		技术应用	
	定量	考证创业	

第四节 升级：开发第二个微信小程序

时代在前进，技术在进步，他们的"素质银行"也在不断与时俱进。标杆院系立项后，他们按照预定的建设方案，致力于"素质银行"3.0版本——"职业素质银行"微信小程序的开发。

如图7-3所示，"职业素质银行"微信小程序主要以数据引导和规范学生日常行为，并将学生各类素质量化为可增减的积分，将积分进行排名，突出量化考核，强化激励机制，全面考核评估在校大学生的综合素质。

此外，该小程序不仅记录学生在校期间素质成长，还将汇总全部数据，为学生自动生成一份个性化的图像简历。小程序记录了每一名大学生的成长轨迹，使得大学生日常管理工作更加精细化、科学化。

微信小程序中的个人积分雷达图，拥有16项个人素质指标，包括"公寓三比"、文明宿舍、体商社团、体测成绩、上课出勤、学业积分、成绩排名、阅读经典、人文社团、讲座培训、竞赛积分、科技社团、志愿服务、表率作用、考证积分、创业积分等积分项目，每一个指标从不同的方面反映出学生日常行为差异。从积分雷达可以查看学生的各项指标分布情况，直观分析学生各类素质差异情况，及时提醒学生补短板。

小程序所有注册过的用户都会在系统中显示，每5分钟刷新一次排行榜的实时系统排名，能激励学生争创先进，奋发有

图 7-3 职业素质银行微信小程序

为。通过长时间的积分积累，学生不仅可以发现自己的优点与缺点，也可以发掘出兴趣爱好与特长。

"职业素质银行"微信小程序作为软件学院在校学生"全生命周期"的数字量化管理系统，在规范、引导学生日常生活、学习、校园活动、社会实践等行为方面发挥着重要作用。

第五节　展望：创新职业生涯规划路径

学院开发"职业素质银行"微信小程序的目的，在于通过这个载体，促使大学生高度重视个人综合素质的提升，激励他们努力积聚素质财富，为日后走上社会，创造社会价值奠定基础。

职业素质银行不仅考核学生结果性、静态的业绩，更主要的是通过日常积分，对学生思想政治教育的情况进行动态评价。职业素质银行强化了"过程导向"，激发了学生的学习热情，增强了学生参加社会实践活动的积极性和主动性，提升了学生综合素质，有力地开启了学院育人工作的新局面。而且，还创新了学生职业生涯规划路径，推动大学生职业生涯教育与思政工作的有效融合。

学生要做好职业生涯规划，除了要了解职业特点、自身优势、兴趣、爱好等因素之外，还要做到将兴趣与职业有机统一起来。学生在具体择业过程中，一方面，要善于发现自己的兴趣所在，形成良好的职业兴趣品质；另一方面，要有清晰的认识，能客观衡量自己的能力倾向，并保持职业兴趣的相对稳定。但是在现实中，要达到二者的统一非常困难。职业素质银行微信小程序，恰好可以有效破解这个难题。如，学生通过查看小程序上的积分雷达，发现其自学能力很强，且对软件开发很感兴趣，那么学生可以尝试走技术路线。反之，如果该学生发现自我学习能力较弱，但是积分雷达上反映出管理类与策划类的积分较高，可以尝试走运营与管理路线。

不仅如此，学院在职业素质银行版本基础上构建的"职业素质肖像"，引导大学生职业选择的主动性与自觉性，并为学生进行职业选择提供参考。根据职业素质肖像，反向构建学生职业生涯教育体系。学生职业素质银行中的学会学习对应肖像的头脑；健康生活对应肖像的身体；人文底蕴、科学精神对应肖像的两手；责任担当、实践创新对应肖像的两脚，并通过特定的肖像，不断纠正、完善、美化高职学生的职业形象，对他们的职业生涯规划、择业、就业、创业，起到了领航作用。

基于对素质银行的演变历程的回顾，软件学院对其未来发展进行了前瞻思考，构想了素质银行的未来发展蓝图，如表7-4所示。他们期待在不久的将来，能得到更多高校、科研机构、相关企业的学者、研究人员、技术人员的共同参与，能够建立一个更好的数据库或数据平台，甚至能够开发素质银行IC卡，就像现在普遍使用的银行卡或校园一卡通那样，所需数据一刷便知。届时，所有的在校大学生都有两张饭卡，一张是现在的饭卡（校园一卡通），此卡可在学校食堂就餐、在校内超市购物；另一张是未来的"饭卡"（素质银行IC卡），日后在职场上用以获得满意的"饭碗"。

表 7-4 素质银行未来发展设想

	过去	现在	未来
超系统	计算机学院 2011 级新生	软件学院全体学生	全校推广并被兄弟院校借鉴
系　统	军训期间素质积分办法	职业素质银行	职业素质肖像
子系统	（无）	健康生活　学会学习 人文底蕴　科学精神 责任担当　实践创新	制作素质银行 IC 卡，所需数据一刷便知，"行长"和用人单位可借助平台按需查阅

第八章

破难点——构建"思政四位一体"①

高校思想政治教育是一个包括思政课程、课程思政、思政活动、活动思政的逻辑架构。这个架构不是简单的串联,也不是叠加或并联,而是一个相互联系、相互支撑的"四位一体"矩形逻辑建构,是一个关于内容(思政教育)和形式(课程或活动)对立统一的完美闭环。

构建"四位一体"思政教育体系,提出加大"活动思政"的力度,是软件学院党总支运用"镰刀思维"进行的又一个创新探索。

---

① 本章内容引用了张雅静、陆模兴、黄国辉:《"活动思政":完善"大思政"教育体系的必然路径》,载《深圳信息职业技术学院学报》,2019年第5期,第19—22页。

第一节 "四位一体"的逻辑建构

思政教育模式经历了一个漫长的发展历程。借助图8-1，我们能够清晰地读懂思政教育体系的发展路径：

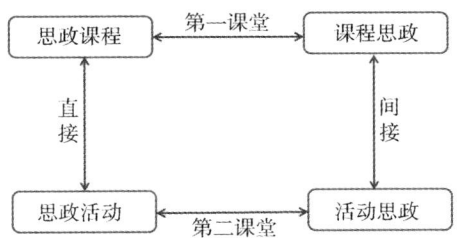

图8-1 "四位一体"思政教育体系框架图

第一阶段，从思政课程到思政活动，是传统模式思政教育改革，是思政教育的1.0时代。思政课程和思政活动都是直接的、灌输式的思政教育，是暴风骤雨式的思政教育，是思政教育的主课堂、主阵地。

第二阶段，从思政课程到课程思政，是第一课堂思政教育改革，是思政教育的2.0时代。上海市委市政府提出"课程思政"，促成了思政工作"显性教育和隐性教育相统一"，通过"挖掘其他课程和教学方式中蕴含的思想政治教育资源，实现全员全程全方位育人"。

第三阶段，从思政活动到活动思政，是第二课堂思政教育改革，期待开启思政教育的3.0时代。"活动思政"这一理念创新，延伸了第二课堂思政教育的手臂，完善了思政教育体系——使高校思政教育形成了一个闭环。

活动思政和课程思政都是间接的、隐性的思政教育，它们都是思政教育的重要抓手、重要补充，是春风化雨、润物无声的思政教育。活动思政是完善"大思政"教育体系的必然路径。

第二节 "活动思政"的初步探索

"活动思政"不是一个全新的概念，但它是一个新生事物，软件学院张雅静、陆模兴、黄国辉对此做了一些初步的、粗浅的探索。

一、"活动思政"的提出

（一）第二课堂也是思政教育的主场

毋庸置疑，第一课堂（思政课程、课程思政）是思政教育的主阵地，是学生培养正确"三观"、学习科学理论的主渠道。但思政课的实践性，仅仅体现在"课程思政"上是不够的，需要"把思政小课堂同社会大课堂结合起来"。从这个角度看，第二课堂的思政教育和第一课堂的思政教育同等重要。

（二）思政活动不是第二课堂思政教育的全部

多年来，高校第二课堂思政教育往往停留在主导性、灌输性极强的主题教育活动模式上，即传统意义的"思政活动"。实践证明，思政活动的有效性不仅取决于活动内容"有意义"，还取决于活动形式"有意思"。一方面，我们需要把有意义的事情做得有意思，开展丰富多彩的主题教育活动（思政活动）；另一方面，我们也需要把有意思的事情做得有意义，开展内涵更丰富、辐射面更广、实效性更强的"活动思政"。

（三）新时代呼唤"活动思政"

所谓"活动思政"，指凸显思政教育的实践性、主体性、启发性，将思政理论渗透进各类校园活动、社会实践活动，把思政小课堂同社会大课堂结合起来，把第二课堂与第一课堂结合起来，构建全方位、全系统、全过程育人格局，实现"立德树人"的根本任务。

"活动思政"和思政活动是第二课堂思政教育的两个方面，两者互相促进、互为补充，同时又各自独立、缺一不可。

在当今信息时代，学生的信息来源之丰富前所未有，各种错误思潮无孔不入，思政工作面临前所未有的挑战，思政课程、思政活动以及"课程思政"还不足以满足新时代高校思政工作的需要，"活动思政"势在必行。

二、从思政活动到"活动思政"

和基础教育阶段不同，高校学生有更大的兴趣和更多的时间、精力参加社团，参与丰富多彩的校园文化活动和校外社会实践活动,这正是高校思政活动和"活动思政"的生命力所在。

(一) 思政活动:把有意义的事情做得有意思

2016年12月7日,习近平总书记在全国高校思想政治工作会议上强调,好的思想政治工作应该像盐,但不能光吃盐,最好的方式是将盐溶解到各种食物中自然而然吸收。

所以,思政工作既要有营养又要有味道;既要有意义又要有意思。他们发现,在高校开展各类校园文化活动时,活动组织者经常面临这样的困惑:教育者关注的是活动是否有意义,受教育的学生在乎的却是活动是否有意思,但两者兼有的活动少之又少。为此,他们要求党团组织策划思政活动时,必须"把有意义的事情做得有意思"。

他们从改革校园活动测评方法入手:建立活动评价直角坐标系(图8-2),以"有意义"为横坐标,活动开展之前由活动审核部门组织评分(满分10分),得分在6分以上的活动才可以实施,否则活动取消;再以"有意思"为纵坐标,活动结束后由活动参与者(学生)代表评分(满分10分);取两者的乘积为活动得分,做终结性评价。

按照这一评价方法,及格分数不是60分,而是$6 \times 6 = 36$分;同理,优秀分数不是80分,而是$8 \times 8 = 64$分。

(二) 活动思政:把有意思的事情做得有意义

对于学生感觉有意思但思想性不强的活动,我们既不能放任自流,让这些活动庸俗化;也不能一味地对其"封杀",我

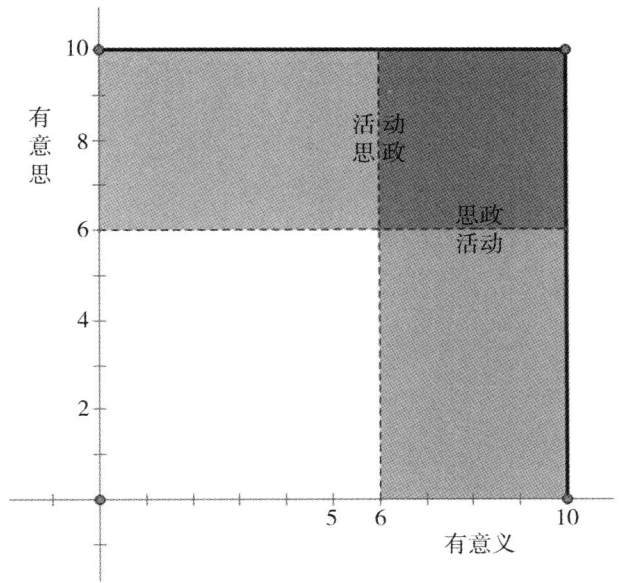

图8-2 校园活动评价直角坐标图

们可以挖掘这些活动的思想内涵,在活动中渗入思政元素,把思政的"盐"溶解到校园文化活动的"汤"里。

"活动思政"是活动与思政的融合,但不是活动与思政的简单叠加,更不是不问青红皂白在所有活动中渗透思政教育。或者说,活动思政是活动与思政的无缝链接,是把有意思的事情做得有意义。

例如,他们策划了一个"穿越火线"挑战赛,此活动取材于一个娱乐性电视节目。如果直接照搬,很可能只是让学生感觉刺激、好玩,不会去深入思考活动深层的意义,其活动(教育)效果将大打折扣。他们引进并改编这个节目,把它纳入学校第14届心理健康月系列活动。在制定方案时,他们不是把活动目的笼统地表述为"丰富校园文化生活,提升心理健康水平",而是有具体的指向:丰富哪方面的校园文化?提升哪方面的心理素质?活动的思想性在哪里?这正是"活动思政"的内涵要求。于是,参赛学生在活动现场看到了下列震撼人心的口号:轻伤不下火线,坚持!凡事都有底线,别碰!

"活动思政"这一新理念的提出,对活动起到了画龙点睛作用,让各种校园文化活动有了精、气、神。

(三) 实施"活动思政"的意义

第一,活动思政是思政教育理念的创新。从思政活动到活动思政,不是"思政"和"活动"两个概念的位置互换,也不只是思维方式的一种转变(逆向思维),而是思政教育理念的创新。"活动思政"在第二课堂的作用,与"课程思政"在第一课堂的作用是一脉相承的。

第二,活动思政是实施"第二课堂成绩单"的新切口。各高校在实施《关于在高校实施共青团"第二课堂成绩单"制度的意见》时,普遍遇到一个问题:有些学生组织为了提高学生在"第二课堂成绩单"的积分,过度地增加了第二课堂活动,其中不少活动缺少"营养"和"味道"。"活动思政"的提出,为规范第二课堂活动提供了新理念、新标准、新切口。

三、"活动思政"怎么做

从2016年起,深圳信息职业技术学院党委对"活动思政"进行了创新探索,提出了关于"活动思政"的12字工作理念:

高站位，小切口，全体系，重实效。软件学院党总支采取点、线、面循序渐进的方式，稳步推进以培养体商、情商、智商为目标的"活动思政"各个项目。

（一）点：加强对学生社团的政治引领

各种社团活动是高校学生参与第二课堂活动的主阵地，是学生增长见识、提升素质的摇篮，但也是容易产生舆情失控的要隘。对此他们抓早、抓细，加强对所有学生社团的政治引领，给每个社团配备一名辅导员或教师党员担任指导老师，同时对专业社团、学术社团实行"双指导老师制"，即由辅导员负责政治把关、由专业老师负责业务指导。对于人数较多的学生社团，他们还建立了党小组，打通了学生党建的"最后一公里"。

（二）线：开展丰富多彩的特色校园文化活动

他们针对高职学生思政工作之"难点"、日常行为之"痛点"，以特色社团和特色活动为抓手，致力于让每一位学子都拥有人生出彩的机会。

他们倡导"话说千句不如体验一次"的理念，把大学生思政工作做细做实，在丰富多彩的校园文化活动中巧妙地融入了思政元素，形成了鲜明的"活动思政"特色：有融爱国主义教育、革命传统教育和体商素养培育为一体的红色运动会；有嵌入微信"跳一跳"游戏元素、引导学生走下网络的"真人跳一跳"活动；有传播善言善行、将善念注入灵魂的"日行一善"活动；有给人们带来温暖、提升文化底蕴的"校园暖话"征集活动，等等。

（三）面：全面实施"体商素养培育工程"

2016年，学校党委提出"体商素养培育工程"，获得广东省委教育工委"书记项目"立项，这是深圳信息职业技术学院实施"活动思政"的标志性大项目。

深信范式"体商育人"工程，立足"三全育人"理念，探索立德树人新途径，致力提升学生的"四种能力"，即意志力、协作力、专注力以及行动力，着力培养德智体美劳全面发展的社会主义建设者和接班人，为培育强国一代新人夯实体质基础和思想基石。

项目实施两年以来，带动了全校近两万名师生参与，收到了显著的成效：具有深信特色的校园"体商"文化已成时尚，爱健康、爱运动、爱生活的校园氛围已形成；学生的运动能力、健康指数均有提升，学生的精神风貌明显改观，课堂纪律明显好转；应征入伍学生数名列深圳高校之首。2018年，在全国高职院校宣传部长联席会上，深圳信息职业技术学院做了体商工程典型经验交流发言。

高校思想政治教育是一个系统工程，思政课程、思政活动、课程思政都是这个体系中的重要环节，"活动思政"也是这个体系中不可或缺的一环。他们正在实践中不断总结、探索"活动思政"的规律和方法，试图在此基础上构建全体系的思政教育框架。

第三节 "课程思政"的实践案例

软件学院党总支以构建全员、全程、全课程育人格局的形式将课程与思想政治理论课同向同行,形成协同效应,建设了一批"课程思政"。本节以软件测试类课程为例,介绍相关做法。

一、课程德育目标

以《数据结构》课程思政设计为例,课程德育目标是以培育和践行社会主义核心价值观为主线,从日常学习各个环节来培养学生各方品质。

诚信:通过监督和坚持平时作业和翻转任务的完成情况,强调诚信的重要性,不偷懒、不抄袭。

认真:课前认真预习,课内认真参加课堂讨论、课堂练习,课后认真完成课后作业的习惯。

严谨:算法设计一定要有严谨的态度,能够从各个不同的角度测试并衡量算法的正确性和高效率。

包容:针对同伴之间出现的问题,或者偶尔的不和谐,要鼓励同学们用包容的态度对待问题。

坚持:算法的学习需要坚持,力争每周都有进步。

友善:分组的同时,鼓励小组间的相互学习,小组内同伴之间形成互帮互助、团结友爱的氛围。

二、课程思政教育内容

（一）社会主义核心价值观教育内容

计算机解决任何实际问题都离不开数据表示和数据处理，而数据的表示和处理的核心问题之一是数据结构及其实现。数据结构是软件技术专业一门重要的专业必修课程。在保持专业性质不变、本位不变的情况下，挖掘专业的伦理、价值、科学精神等，融入为民情怀、报国理念等，传播社会主义核心价值观。

课程内容围绕数据组织的三大结构：线性结构、树形结构、图形结构展开，充分发挥课程特色，目标明确，在课程教学中充分体现新时代特色。

第一，通过对数据结构和算法的介绍，引导学生对中国的软件事业产生强烈的共鸣，激发学生为国家软件事业的快速发展贡献自己的一份力量。

第二，通过对数据结构中线性结构的学习，引导学生养成具体问题具体分析的好习惯，养成对劳动的尊重，树立正确的人生观。

第三，通过对数据结构中树形结构的学习，引导学生对先烈的缅怀，对来之不易的和平的珍惜。

第四，通过对数据结构图形结构的学习，引导学生珍惜时间，注重积累。

第五，通过对数据结构查找和排序的学习，结合专业课程的讲授，引导学生养成守规矩、讲秩序、讲文明的做人准则，潜移默化地帮助学生树立社会主义核心价值观。

（二）其他教育内容

在课堂上进行数据结构教学的同时，也不时加入对中国传统文化的介绍，如在树形结构学习时引入家谱、中华民族族谱的探讨，可以加深学生对小家对大家（即国家）的强烈情感，寓思政元素于专业课教学之中。在组织学生进行数据结构学习的过程中，学生自主思考、学生分组讨论、师生互动交流以及任务驱动等教学方法和手段，将德育有机融入数据结构教学中，使学生通过自己的学习和思考，形成正确的思想观、价值观。

从具性实施来说，教师可以列举很多现实的例子，把例子和具体讲授的知识点相结合来传递正能量，实现价值引领。

表8-1是软件测试类课程知识结合思政教育设计安排，表8-2是《数据结构》知识结合思政教育设计安排。

表8-1 软件测试类课程知识结合思政教育设计安排

专业课程内容	思政教育内容
性能测试	突破个人极限潜能，战胜自己，超越自我
安全测试	大学生编制"熊猫烧香"病毒引发的思考：读书的目的
手机测试	拒绝做手机"低头族"，充分利用碎片化时间
功能测试	做对人民有用的人
压力测试	人只有压力才会有动力，多给自己鼓劲

(续表)

专业课程内容	思政教育内容
Beta 测试	完善自己，善待他人
黑盒测试	树立远大理想，为实现理想而努力
软件需求测试	小米总裁雷军的奋斗历程——人生能有几回搏？
网络测试	正确的互联网思维，正确的互联网使用
测试原则	尽早尽快发现；勿以恶小而为之
回归测试	吾日三省吾身，慎独

表8-2 《数据结构》知识结合思政教育设计安排

专业课知识点	思政教育内容
分治法	形成高效做事习惯，升华生命质量
递归算法	每天做一件好事，持之以恒
动态规划算法	统筹兼顾，团结协作，服务社会
回溯算法	回顾历史，只有共产党才能救中国
哈夫曼树	尽最大能力帮助别人
遍历二叉树	树立远大志向，追求目标要锲而不舍
贪心算法	经受住欲望的考验
冒泡排序	优胜劣汰，自强不息，成为强者
广度优先算法	视野多宽，心有多大，能量就有多大
深度优先算法	让爱之花在灵魂深处绽放

（三）教学方法与举措

专业课程实施"课程思政"重在知识传授中强调价值观的同频共振。围绕"知识传授"与"价值引领"相结合的课程目标，构建"显性教育"与"隐形教育"相结合的课程内容体系。

第一，在尊重课程自身建设规律的前提下，充分发挥课程的育人价值，深挖提炼其中所蕴含的德育元素，凸显其价值引领功能。编制融入思政元素的教学案例，做到德育教育的合理渗透，不做生硬植入。

第二，教学中遵循教育教学的渐进性认识规律和以人为本的教育理念，创新教学方法，将思政元素和专业知识点无缝结合，起到润物细无声的育人作用。融入的思政元素要能够及时引起学生的共鸣，激发学生的正能量。

第三，教学中多采用互动式、探讨式等方式加强思政教育效果，有意识营造课程思政的氛围，激发和引导学生对思政元素的思考和探究。

第四，利用微信、QQ、网络课程平台等传播思想价值引领内容，让学生在浏览过程中思考，受到潜移默化的思政教育。

第五，要把握好课程思政的实质，不能强化了思想政治教育意识和功能，却忽视了教学特点和教育规律，形成协同效应，要明确课程思政和思政课程的不同特点，发挥二者各自的育人优势，增强育人合力。

三、典型案例

（一）队列案例

案例介绍（约瑟夫问题）：一个地下党员在准备出城送情报时被国民党士兵抓起来了，同时被抓的还有 40 个平民百姓，这时国民党军官打算跟他们玩个游戏，他让他们围成一圈，从第一个人开始报数，每报数到 3，该人就出列，然后再由下一个人重新报数，直到剩下最后一个人，那么这个人可以被释放，机智的地下党员最终成为了最后一人，请问他是怎么做到的？请使用所学的数据结构编程实现。

（二）二叉树案例

案例介绍（哈夫曼编码）：我们经常在谍战片中看到地下党员还没有发完电报，敌人就冲进来了，这种场景并不是虚构的，那么节省发报时间就意味着自身安全。假设现在有一位地下党员拿到了一份绝密情报需要立刻发出，但是他只有 20 秒的时间能够不被发现，那么他怎么做才能在 20 秒时间内把电波发出去呢？假设要发送的电文为 abcdabaa，编码后每个字符发送需要 1 秒钟。

第九章

抓燃点——开展"四大特色活动"

活动是思想政治教育的重要载体。软件学院特别注重活动内容的吸引力，活动形式的多样性，在此基础上形成特色和品牌。他们开展的"红色运动会""日行一善""暖话警句征集""职业影子日"等特色活动，不仅"有意义"而且"有意思"，找准了学生的燃点，让学生爱上"活动"、爱上"思政"。

四大特色活动是他们运用"镰刀思维"进行创新探索打出的"组合拳"，这些只是他们开展的特色思政活动、活动思政的一部分。

第一节　红色运动会

红色运动会是软件学院贯彻校党委关于党建、思政工作要"高站位、小切口、全体系、重实效"的指示精神，落实"体商素养培育工程"的一个特色项目，是融爱国主义教育、革命传统教育和体育运动为一体的活动。

红色运动会具有以下五个特征：

一是红色资源丰富。从革命战争到改革开放各个历史时期的重大战役以及涌现出的英雄人物、感人事迹中寻找红色资源，以时间和事件为线索，挖掘红色育人资源，并创新开发体育竞赛项目。

二是内容形式多样、接地气。运动会活动形式、活动内容多样，且易参与、易获得、易见效。既有严肃的也有欢快的活动内容。如首届红色运动会中"火线救伤员""艰苦长征路""舍身炸碉堡"等悲壮事迹，又有欢快的"红军的扁担""南泥湾丰收""胜利的红旗"等。

三是仪式感强。红色运动会，不仅仅是开展一场活动，更重要的是实现红色教育目标。进行红色教育需要有仪式感，才更容易激发内心深处强烈的认同感、使命感和责任感。活动现场精心布置，红旗飘飘，红星闪闪。大学生们扎着红袖标和绑腿，穿着红军、红嫂的服装，仪式感满满，唤起他们对那段峥嵘岁月的回忆和崇敬。

四是体验性强。红色运动会是一个体验式的红色教育活动，它使学生身临其境，体验战争年代的艰辛和不易，感悟今天生活的来之不易；活动注重强化四种能力——意志力、协作力、战斗力、专注力，突出思想政治教育功能。运动员们在生动的活动体验中接受了一次深刻的思想洗礼。

五是活动入脑入心。现场活动的结束，不是活动的终结。学院持续挖掘活动教育资源，通过开展活动交流、心得体会撰写、主题演讲和相关主题实践等活动，进一步提升活动成效。

第二节 "日行一善"活动

习近平总书记指出:"奉献爱心,处处可为。积小善为大善,善莫大焉。当有人需要帮助时,大家搭把手、出份力,社会将变得更加美好。"①

学院党总支在全院学生中开展"日行一善、成就一生"主题教育活动,塑造善的心灵,使"善"融入到学生学习、生活和日常行为规范之中,引导大学生养成积极向上、与人为善的行为习惯。

活动内容同样丰富多彩。"好习惯促销"是特色活动之一,该活动邀请学生在微信公众号"软件时光机"后台回复"日行一善",填写"影响大学生一生的十个好习惯"反馈问卷。学院根据大家的填写结果和新时期大学生未来发展需要,于2019年3月发布"影响大学生一生的十个好习惯",并制成书签发给每一位软件学子,每月"促销"两个好习惯,让这些好习惯深入学生的头脑、灵魂,伴随他们"成就一生"。

另一个特色活动是"日行一善"故事征集。学生结合社会主义核心价值观,讲述发生在自己身边的"日行一善"故

---

① 《习近平总书记给"郭明义爱心团队"的回信》,新华网,2014年3月14日。

事，并把它们写成 300 字左右短文，学院据此建立学生"善行银行"。

他们还通过现场签名、现场采访等形式举办"日行一善"成果展。

为期一年的"日行一善"活动，通过面对面采访，了解同学们心中的"善言善语"；通过"善行银行"数据统计，记录深信学子的善行善举；通过现场签名，鼓励同学们践行"日行一善"的宣言；通过"好习惯促销"，强调养成好习惯是对自己的"善"。深信学子的善行故事在活动中得到了充分展示。

深信学子以行善为乐，以奉献为乐，做到知善、行善、扬善、乐善，自发、自觉、自愿地从小事做起，把善心付诸行动。活动使学生将点滴善行内化于心、外化于行、演变为日常，做到了"微笑·问好·让路"，使"日行一善"成为一种生活方式，在不知不觉中提升自我。

第三节　暖话警句征集

"好言一句三冬暖，恶语伤人六月寒"。说话是一门艺术，发自内心的赞美，会让人感到舒服；表达自内心的忧虑，会让人感到真诚；无意间的冒犯，会让人感到反感。有些不经意的话语，能给人留下深刻印象，或者让人警醒。

"恶语伤人，善语暖心。"暖话是人与人沟通的纽带，她给人们带来温暖，带来幸福感；警句则是人们约束自我行为的规范，他给人们减少麻烦，带来安全感。"道路千万条，安全第一条。""绿水青山就是金山银山"……这些就是人们耳熟能详的暖话警句。

无论在学校、家庭还是社会，人们都应该多说暖话，拒绝狠话。校园"暖话"和"警句"的提炼，与"日行一善"活动倡导的"七个学会"相关联：学会做人、学会做事、学会克制、学会礼貌、学会珍惜、学会感恩、学会坚强。

提交的作品不仅仅是一句话（30字以内），还包括这句话"背后的故事"。他们要求学生结合社会主义核心价值观和中华民族的传统美德，讲述自己亲身经历或者身边亲人朋友发生过的故事。作品要求原创、真实、有教育意义。

他们通过活动号召同学们学习他人的"暖言""警句"故事，并落实到自身的日常生活中，从一言一行、从身边的小细节，提升自己，感染他人，言善言，行善行，讲暖话，记警句。通过"暖言"，感受"善行"的力量，从言语到行动，做思想上的引导者，做生活中的善行者。

活动征集到许许多多善言善行的小故事，经过专家评选、网络投票，最终从500多篇学生作品中挑选出20篇优秀作品在微信公众号上广泛宣传。通过师生的参与、评选，这些"校园暖话"迅速流行起来，温暖着整个校园。

第四节 "职业影子日"活动

"职业影子"是一种形象的比喻,把学生比喻父母职业上的影子。"职业影子日"是指在五一假期社会实践周期间,发动全院学生主动跟随职业"导师"(家长或亲人)一起去上班,在工作中观察"导师"的工作情况,或亲自动手去参与工作,并在工作中思考未来职业生涯的一种社会实践体验活动。

第一,在职业体验活动中,学院期待家长与学校密切配合,提前做好与所在单位的沟通,同意学生到单位进行职业体验,并在职业体验中给予孩子更多的帮助与关怀,鼓励他们努力学习,提升专业技能,成为一名感恩社会、爱戴父母、团结同学的信息学子。

第二,学生要提前准备资料。如,对职业体验公司进行初步了解:公司何时成立,主营业务是什么,企业文化是什么,多少员工,以及目标愿景等;准备简短自我介绍的"话语话术"及一份简历,以备不时之需。

第三,学生在职业体验期间,要以职业人的标准严格要求自己。学生要穿着得体,带上记事本,随时记下学到的东西。工作期间关闭手机,热情参与,尽可能多与他人交流,但不能影响他人工作。

第四,"职业影子"活动结束后,要写一份个人总结及感谢信。将个人总结提交到学院学生办;将感谢信寄发给父母,并由父母代为转交给公司,感谢公司提供机会让自己能提前进行职业体验。

简单来说,"职业影子日"是一种职业体验活动,是基于大学生对未来职业和不同工作的感受体验而设计的。该活动主要涉及倾听和观察,有时学生也会动手去做一些力所能及的工作,旨在通过观察和感受其导师的工作,引发对未来职业规划及职场工作的思考,进而增强"忧患意识",提前为未来做好知识技能储备,同时触发学生对父母的感恩之心。总之,此活动有利于加强家校企联系,共同促进学生成长成才。

第十章

解痛点——成立"好习惯俱乐部"

绪论中提到，高职学生普遍存在三大"痛点"：学习动力弱；行为习惯差；自信心不足。三大痛点中，最难解决的就是"行为习惯差"的问题，只要行为习惯好了，势必带动学习动力的增强和自信心的提升。软件学院秉承"因材施教"原则，针对这一痛点，先后成立一系列特色社团，并将这些社团组建成为一个航空母舰式的超级社团——好习惯俱乐部。

这是他们运用"镰刀思维"，把学生社团的思政教育和素质教育两大功能融为一体的创新探索和实践，取得了突出成效，甚至产生了蝴蝶效应。

第一节 你的"痛点"就是我的工作重点

教育界有一句话：一切为了学生。就是强调教育"以学生为中心"，这是"以人民为中心"思想在教育领域的具体体现。立德树人，最终要落脚在解决学生的痛点、难点上。

不良的生活、学习习惯正是高职学生的"痛点"所在。不按时起床、不吃早餐、不参加体育锻炼、晚上不按时休息、沉迷游戏等不良生活习惯，影响身体健康的同时，也影响学习，出现迟到、旷课、上课玩手机、打瞌睡、作业敷衍了事等情况。不良行为习惯带来的是个人整体状态的松懈甚至颓废。

学生的痛点就是学院的工作重点。学生习惯赖床，晚上睡不着，早上起不来，他们就建立早睡先遣营、早起训练营，通过这样的社团和学生互助，为学生提供"叫早"服务；学生中的胖子多了，他们就建立快乐减肥团，帮助胖子们减肥；学生习惯于低头玩手机，迷恋于游戏、碎片化学习，他们便建立"相约图书馆"社团，引导学生放下手机、走进图书馆，在知识的海洋中遨游。

学生有什么痛点，学院都想方设法去解决，不让"以学生为中心"成为空话。好习惯的养成是一个复杂的过程，它既是教育者"培养"出来的，也是个体"修炼"而成的，还是外部环境"熏陶"出来的。学院建立"好习惯俱乐部"，坚持做好习惯"播种机"，就是为了帮助学生戒掉网瘾、改掉懒惰等坏习惯，激发学生内在潜力，帮助学生成长。他们希望以更朴素的方式体现"教给学生一生有用的东西"这一理念，把内在的不可触摸的"素养"，变成能够外显、可以培养的"习惯"，通过一个个可操作的方法，让习惯养成系统化、固定化。

第二节 学生社团中的"航空母舰"

对高职学生而言，可持续化的职业素养、职业品格的发展离不开良好的生活习惯、学习习惯的支撑。当前，"核心素养"正在成为理论研究和教育实验的"高频词"，全世界都在高度重视核心素养和关键能力的培养。但核心素养最终还是要落实到人的行为上，落实到人的习惯上，正如马克思在《〈黑格尔法哲学批判〉导言》中所说："人的根本就是人本身"。

习惯养成是核心素养形成的基础。核心素养形成的关键在于能否有效地形成内化了的行为习惯。习惯养成从实质上看，就是帮助人们建立起一套具有积极意义的、自动运转的系统，从而整理、规划、巩固、提升生活与生命质量，使生活变得有序，使生命充满活力。

教育家叶圣陶说，教育就是培养好习惯。"好习惯俱乐部"专为培养好习惯而生，是一个由早起训练营、快乐减肥团、相约图书馆、酷跑团、早睡先遣营等多个特色子社团组成的"航空母舰式"学生社团。

高职学生可持续职业发展能力的培养离不开良好的生活、学习习惯，为此俱乐部以问题为导向，着力解决高职学生日常行为之"痛点"，倡导"让习惯符合规范，让规范成为习惯"，致力于让每一位学子都拥有人生出彩的机会。

一是针对赖床学生的早起训练营。智能手机层出不穷的新功能和日新月异的电脑游戏，让不少学生患上"手机（电脑）

依赖症",不分昼夜地上网刷微博、玩游戏、购物……严重影响正常学习和身体健康。为此软件学院成立"早起训练营"社团,目的是"团结广大起床困难户,治疗赖床癌"。

二是针对超重学生的快乐减肥团。"让懒人早起、助胖子减肥"成为软件学院的时尚,学院针对体重指数(BMI)超过24的学生成立快乐减肥团,为他们开设减肥课程《这方法能帮你瘦身》。减肥团成员不仅可以用科学的方法控制自己的体重不反弹,还可以用学到的方法、积累的经验帮助其他胖子减肥。

三是针对碎片学习的"相约图书馆"。社团举办"与手机分手21天"活动,参与活动的同学每天到图书馆打卡学习,平均每人每天打卡时长均在2小时以上。该社团还与早起训练营共同举办晨读活动,让走进图书馆学习在软件学院逐步成为一种趋势、一种时尚、一种潮流。

四是针对"足不出户"学生的酷跑团。酷跑团旨在唤起学生锻炼身体、强健体魄的意识,鼓励学生走下网络、走出宿舍、走进体育场,做一个身心强健、充满活力、朝气蓬勃的阳光青年。

五是针对"夜猫子"的早睡先遣营。在常年较为温暖的南方,想让学生早早上床休息太困难了。晚上11点、12点,在学生看来时间尚早,还能来份宵夜;凌晨1点,可以上床了,再刷1小时手机;凌晨2点,困意终于来临,进入梦乡;早上9点、10点,感觉还没睡够……这种昼夜颠倒的状态,严重影响正常学习和身体健康。早睡先遣营的成立,正是为了解决"夜猫子"的问题。

第三节　早起训练营让懒人早起

励志故事中经常出现熬夜的描写，许多同学误以为熬夜就等于奋斗。那些凌晨2∶00还撑着眼皮"拼命"的人，却不知道真正厉害的人从来不熬夜，他们成功的秘籍是——早起。古有闻鸡起舞的将领祖逖，近代有坚持早起做翻译的作家梁实秋，国外有凌晨4∶00起早训练的NBA明星科比。

一、懒人知多少

这里所说的懒人特指"起床困难户"。他们的共性是年轻、精力充沛，要么是经常性的夜猫子，要么是没有给自己设置一个良好的睡眠环境。在软件学院就有这么一群"赖床癌患者"，早上起不来，晚上睡不着，赶不上早饭，踩着铃到教室，无精打采地听课。一项针对学生赖床情况的调查结果显示，68%的同学早上8∶00才起床，也就是说他们只能匆忙洗漱好赶往教室才能不迟到。当被问到"为了赖床你错过什么时"，84%的同学选择"早餐"，45%的同学选择了"课堂学习"。69%的同学认为赖床是一种不好的行为习惯，影响着自己的生活。

二、唤醒沉睡灵魂

一个人行动，往往会被自己的惰性拖后腿，为此，软件学院组建"早起训练营",号召广大起床困难户团结起来,一起治疗"赖床癌"。这个特色社团成为大家相互影响并形成良好习惯的"种子"基地。"早起训练营"分"精英营""普通营"两类,他们每天早上在微信群里打卡,约好一起戴着"社帽"到食堂吃早饭打卡,"精英营"成员早上7:00打卡,"普通营"成员早上7:30打卡,两个营的成员可根据自己的实际情况进行阶段性流动。

早起训练营分成了多个小分队,并为没有动力早起的同学制定早起的小目标"一起吃早餐"。小组内的成员互相督促,互相陪伴,为挣扎着起不来的同学加油打气。各小分队负责人会定期分析大家的早起情况,制定奖惩规定,坚持每天早起21天以上的会获得定制的早餐券,而早起中断的成员则需要在群里发红包。在早起训练营还有一支专门负责大家学习的团队,老生带新生学习,让新成员尽快适应学习的课程。

晚起和早起,最突出的区别莫过于一个"灵魂还在沉睡",一个"灵魂已在燃烧"。每个早起社员的故事都未结束,时光一直在编写着续集。

三、产生蝴蝶效应

早起训练营的同学不只是准点打卡、吃早餐,还会有什么行动呢?图书馆、教学楼、一泓泉湖边都成了他们的打卡点,社员们经常聚在一起学习,或者做技术上的交流。

心理学家指出,一项看似简单的行动,如果你能坚持重复21天以上,就会形成习惯;如果坚持重复90天以上,就会形成稳定习惯；如果能坚持重复365天以上，想改变都很困难。为此，软件学院为连续早起"21天"的学生颁发体商素养三等奖证书，为连续早起"90天"的学生颁发二等奖证书，为连续早起"365天"的学生颁发一等奖证书，为连续早起天数前十名的学生颁发"早起之星"荣誉称号。星星之火，可以燎原。这些早起的"标杆"又会带动班上更多的"懒人"加入到早起训练营中来。

表10-1　不同年级学生连续早起打卡情况

年级	17级（在营506天）				18级（在营373天）				19级（在营84天）		
人数	20	11	5	4	23	17	4	5	17	21	12
连续早起天数	0-100	100-200	200-300	>300	0-100	100-200	200-300	>300	0-40	40-80	80-84

早起社员对社团有着强烈的归属感，他们不再是起床"困难户"，不再是上课"迟到户"，不再是"熬夜冠军"。他们发现，"越自律越自由"，早起让白天的时间变长，让头脑变得更清醒，学习更高效。这是一个从"赖床癌患者"到"自律达人"再到"学霸"的转变。近期，"早期训练营"成员还将"早起"好习惯带进社区，让早起成为周边社区的新时尚。

第四节 这方法能帮你减肥

2017年5月，中国营养学会《中国肥胖与控制蓝皮书》透露，中国成年人超重率达到30.1%，肥胖率达到11.9%。

我们统计了软件学院两届学生的体重数据，得知他们的超重率是8.9%，肥胖率是3.7%。为了帮助他们健康减肥，软件学院黄国辉书记拿自己当"小白鼠"，用一年时间减重10公斤，并总结出"快乐数学减肥法"。此方法以数学为工具，以"最速降线"理论为依据，给出了关于科学减肥的最佳"数学模型"。

在黄老师看来，减肥并不难，只是一个函数、几个公式而已，但一定不能操之过急。他的减肥法不需要吃减肥餐，也不需要激烈运动，但需要改变不健康的饮食习惯。而且，"助人为乐"也是减肥成功的要素。

爱默生说，健康是人生第一财富。健康的天敌是疾病，许多慢性病与身体超重或肥胖有关。可是在很多人看来，减肥是一件痛苦的事情。许多减肥者经过艰苦努力好不容易把体重减了几斤，可是没过多久又反弹回去，甚至超过减肥前的体重，为此十分苦恼。统计数据表明，99%的人减肥以失败告终。[①]

[①]《专家：真正减肥成功并稳定两年的只占1%》，载《金陵晚报》，2015年11月11日。

减肥属于医学范畴。黄国辉不懂医学,但一个偶然的机会,让他发现了一种科学而且有效的减肥方法——快乐数学减肥法,其科学性可以从理论上给出证明,其有效性也由他和他身边许多人的实践验证,而且这种验证很容易复制、推广。对于参加了软件学院"好习惯俱乐部"子社团"快乐减肥团"的同学来说,他们还可以通过互相约束、互相督促的方式,更好地实现减肥目标。

一、传统减肥法的两个误区

减肥是个"持久战","速胜论"不对,"悲观论"也不可取。之所以"真正减肥成功并稳定两年的只占1%",就在于许多人的减肥理念出了问题。

(一)急于求成

减肥成功率低的根源在于人们急于求成。许多曾经的"瘦子"在经历了数十年时间增重十几公斤成为超重(肥胖)人士后,却期望用三五个月时间减重到以前的样子,这是不现实的。

各种媒体中充斥"一个月减10斤"的报道,黄国辉认为不可信,更不科学。这种速成减肥"魔法"要么损害健康,要么引起反弹,是不太可取的。必须树立健康减肥、自然减肥的理念。黄国辉的实验结果是:早期每3周减1千克,中期每5周减1千克,后期则是100天减1千克(最后1公斤)。太慢没有效果,太急则容易反弹。

(二) 少吃多动

有人说，减肥的道理很简单：少吃多动，但少吃多动只能短期见效，难以持久。正确的理念是：少吃少动，多吃多动，保持饮食量与运动量的平衡。

对此，黄国辉给出的公式是：$\triangle x = x - y - 6 \leqslant 0$。其中，$\triangle x$ 叫作减肥自变量，x 代表饱和度，y 代表运动量。$\triangle x$ 的值并非越小越好，而是保持负值并尽量接近 0，标准是：$x = 7$ 分饱，$y = 1$ 万步，$\triangle x = 0$。如果你习惯吃 8 分饱，那么运动量需加倍到 2 万步。后来，黄国辉对饮食量、运动量给出了更精确的计算公式。

二、开出科学减肥处方

(一) 算出应减重量和时间

减肥的第一个要点，是目标设定：减多少，要多久？

对此，黄国辉给出一个公式：应减体重 $\triangle W =$ （当前 BMI 值 - 目标 BMI 值）× 身高（米）的平方，所需时间 t（周）$= 400 \times \triangle W / W_0$，其中 W_0 表示当前体重。

当前 BMI 值 = 当前体重（千克）/ 身高（米）的平方；BMI 值超过 24 但不足 28 为超重，超过 28 为肥胖。

目标 BMI 值需要根据实际情况设定，分两种情况：对于肥胖者或仅以健康为目的的超重者，可将目标 BMI 值设定为 24；对于既要健康又要好看的超重者，男士目标 BMI 值以 22 为最佳，女士目标 BMI 值以 21 为最佳。

例如陈先生当前体重 71.5 千克，身高 1.62 米，当前 BMI 值 = 27.24。取目标 BMI 值 = 24，则应减体重（△W）=（27.24-24）×1.62×1.62 = 8.5 千克。所需时间 t = 400×8.5/71.5≈48 周。

（二）减肥路径（滑滑梯的启示）

减肥的第二个要点，是路径选择：什么线，怎么定？

黄国辉的减肥理念是：事先设计一条曲线（目标函数），根据函数解析式算出每周平均体重的目标值，然后参照目标值一步一步地减。怎样的目标函数才是科学的减肥路径呢？

科学的路径必须让人感觉舒服，否则不可能有效，更不可能成功。有一个现象很有意思——小朋友都喜欢滑滑梯，一次、二次、三次……不厌其烦，乐此不疲。为什么小朋友如此喜欢滑滑梯呢？这和滑滑梯的凹面设计有关，它让孩子们感觉既快速又舒服。这也是人们需要的减肥路径。

可是，这条凹函数曲线是什么，怎样求它的函数解释式呢？这其实是伽利略提出的"最速降线"问题：一个质点在重力作用下，从一个给定点到不在它垂直下方的另一点，如果不计摩擦力，问沿着什么曲线滑下所需时间最短？经过牛顿、莱布尼茨、洛必达和伯努利等许多著名数学家们研究，得出结论：从一个点下滑到不在它垂直下方的另一个点，摆线耗时最短。摆线方程是个参数方程而且涉及三角函数，用摆线作为减肥路径很难操作。但经过深入研究发现，对于"最速降线"问题，抛物线与摆线最接近，用抛物线代替摆线，误差只有千分之一，完全可以忽略不计。

也就是说，用二次函数（抛物线）作为减肥目标函数是最恰当的减肥路径，它让他们感觉最舒服。

确定目标函数的方法是：设体重目标值为 W（W = W_0 - △W），则以（t，W）为顶点且经过点（0，W_0）的二次函数就是目标函数。

一般的，目标函数为 g（x）= a（x-t）^{2}+ W，或 g（x）= ax^2-2atx+ W_0，其中 a = △W/t^2，自变量 x 为 1 到 t 之间的任意整数。

仍以陈先生为例。W_0 = 71.5，△W = 8.5，t = 48，a = 8.5÷48÷48 = 0.003689，他的目标函数是 g（x）= 0.003689x^2 - 0.3542x+71.5。

根据这个函数式，可求出陈先生从第 1 周到第 48 周每一周的目标体重值。不必一个一个计算，人们可以借助 Excel 表格实现。

这个表格共三行，第一行为周次，第二行列出每一周的目标函数值 g（1）、g（2）…g（t），第三行记录各周平均体重（实际值）。选中目标值和实际值，插入折线图，即可得到实际体重走势图与目标函数图像的比照，这个比照可以及时地提醒每周的减重够不够。

图 10-1 是黄国辉本人的减肥曲线比照图，他用一年时间减掉 10kg，过程不痛苦；达成目标后，经过两年也没有反弹。

黄国辉全年各周平均体重一览表（与目标函数 $y = 0.0037x^2 - 0.3848x + 72.8$ 对照）

周次	1	2	3	4	5	6	7	8	9	10	11	12	13	14	15	16	17	18	19	20	21	22	23	24	25	26	27	28	29	30	31	32	33	34	35	36	37	38	39	40	41	42	43	44	45	46	47	48	49	50	51	52
目标上限	72.2	72.55	72.18	71.82	71.47	71.12	70.79	70.46	70.14	69.82	69.51	69.22	68.92	68.64	68.36	68.09	67.83	67.57	67.32	67.08	66.85	66.63	66.41	66.2	65.99	65.8	65.61	65.43	65.25	65.09	64.93	64.78	64.63	64.49	64.36	64.24	64.13	64.02	63.92	63.83	63.74	63.67	63.59	63.53	63.48	63.43	63.39	63.35	63.33	63.31	63.3	63.3
目标值	72.42	72.05	71.68	71.32	70.97	70.62	70.29	69.96	69.64	69.32	69.01	68.72	68.42	68.14	67.86	67.59	67.33	67.07	66.82	66.58	66.35	66.13	65.91	65.7	65.49	65.3	65.11	64.93	64.75	64.59	64.43	64.28	64.13	63.99	63.86	63.74	63.63	63.52	63.42	63.33	63.24	63.17	63.09	63.03	62.98	62.93	62.89	62.85	62.83	62.81	62.8	62.8
目标下限	71.92	71.55	71.18	70.82	70.47	70.12	69.79	69.46	69.14	68.82	68.51	68.22	67.92	67.64	67.36	67.09	66.83	66.57	66.32	66.08	65.85	65.63	65.41	65.2	64.99	64.8	64.61	64.43	64.25	64.09	63.93	63.78	63.63	63.49	63.36	63.24	63.13	63.02	62.92	62.83	62.74	62.67	62.59	62.53	62.48	62.43	62.39	62.35	62.33	62.31	62.3	62.3
实际值	72.64	72.13	71.83	71.7	71.39	70.84	70.4	69.87	69.57	69.4	68.86	68.57	67.96	67.67	67.53	67.26	67.4	66.6	66.32	66.6	66.6	66.26	66.09	66.06	65.74	65.46	65.09	65.43	64.73	64.39	63.99	63.9	63.21	63.42	63.4	63.23	63.39	63.34	63.27	63.33	62.98	63.43	63.82	63.59	63.71	63.59	63.62	62.76	62.7	62.77	62.5	62.36
差额	0.221	0.085	0.151	0.38	0.422	0.216	0.112	-0.09	-0.07	0.078	-0.15	-0.15	-0.46	-0.47	-0.33	-0.02	0.072	-0.24	-0.576	0.016	-0.09	-0.04	-0.05	0.394	0.248	0.164	0.062	-0.2	-0.09	-0.44	-0.38	-0.09	-0.92	-0.57	-0.63	-0.34	-0.24	-0.18	-0.15	0.002	-0.26	0.266	0.725	0.558	0.733	0.662	0.342	-0.09	-0.13	-0.04	-0.3	-0.44

图 10-1　黄国辉全年各周平均体重一览表

为了有效地控制体重，他还特地设置了目标上限（高于目标值 0.5 千克）和目标下限（低于目标值 0.5 千克），即图中两条虚线，只需要努力把每周的平均体重限制在两条轨道（虚线）之间。这有点像开车，车道两边都画了线，你只能在线内行驶，偶尔可以压线，但你不能一直压线行驶。

(三) 饮食按 1∶2∶3∶4 控制

减肥的第三个要点，是控制饮食：吃多少，怎么吃？

再好的减肥理论（理念），再科学的减肥路径，如果不能控制好饮食，也无济于事。黄国辉赞同这个说法，但不赞同饥饿减肥。

先说"吃多少"。这和基础代谢率有关。相关公式是：女性基础代谢率 = 661 + 9.6 × 体重（千克）+ 1.72 × 身高（厘米）− 4.7 × 年龄，男性基础代谢率 = 67 + 13.73 × 体重（千克）+ 5 × 身高（厘米）− 6.9 × 年龄。

饮食量的确定原则是：全天饮食量不超过基础代谢率。假如你的基础代谢率是 1500 大卡，那么你一天的饮食所含的热量最好不要超过 1500 大卡。可是，饮食量如何计量？

黄国辉的解决方法是，合理安排饮食结构，使得：每顿饮食重量 G（克数）= 饮食所含热量 Q（大卡数）。

这就涉及"怎么吃"。具体办法是：高热量、中热量、低热量、微热量四类食物的分量按 1∶2∶3∶4 的比例搭配。也就是说，高、中热量食物应占 30%，低、微热量食物应占 70%。简言之：三荤七素。

这里，四类食物每 100 克所含热量（中位值）是这样设定的：高热量 200 大卡，中热量 150 大卡，低热量 100 大卡，微热量 50 大卡。按照这个设定，500 克食物应分别含 50 克高热量、100 克中热量、150 克低热量、200 克微热量，所含热量是 50×2+100×1.5+150×1+200×0.5＝500 大卡，正好做到了"G＝Q"。当然，我们在吃饭时并不需要精确估算，只需要大致做到"1∶2∶3∶4"，就能基本实现"G＝Q"。

（四）最佳运动量设计

减肥的第四个要点，是合理运动：动多少，怎么动？

黄国辉仍然用公式回答——

公式 1：运动消耗热量（大卡）＝当天三餐平均饮食量（克）×0.8。

例如，某天饮食总量是 1500 克，平均饮食量为 500 克/餐，所以当天运动消耗热量应为 400 大卡。需要特别提醒的是，不要一开始就进行这么大的运动量，可以从标准值的一半开始，逐渐增加运动量，直到应减体重完成了 61.8% 之后进入减肥瓶颈时，才把运动量提高到标准值以上，减肥成功后再恢复常态。

公式 2：运动消耗重量＝运动前体重−第二天目标体重−睡眠八小时后自然消耗的重量。（晚饭后睡觉前运动量计算公式）

例如，某天晚饭后运动前体重 72 千克，第二天目标体重 71 千克，通常睡眠八小时后自然消耗重量为 0.5 千克（此数据因人而异，且受晚餐饮食情况影响），那么这天你应该通过运动消耗掉的重量＝72−71−0.5＝0.5 千克，完全可以做到。但如果超过这个量，就不要勉强自己，因为过量运动也会损害健康。

公式3：运动消耗0.5千克=慢走2000步+快走4000步+慢跑4000步。

黄国辉经过多次测算，发现：同样1000步，慢走可消耗热量24大卡，快走可消耗热量36大卡，慢跑可消耗热量72大卡；而且，消耗热量大卡数约等于消耗重量克数，基本符合"G=Q"。照此计算，慢走2000步+快走4000步+慢跑4000步=48大卡+144大卡+288大卡=480大卡=480克≈0.5千克。

散步、快走、慢跑是简单易行的运动，即便没有其他有氧运动，像这样安排的每天一万步运动量已是较佳的设计。

三、凭什么说100%成功

每次给老师、学生开减肥讲座，黄国辉都自信地强调：快乐数学减肥的成功率是100%。为什么？理由如下——

（一）快乐减肥才能持久

第一，快乐来自轻松自然。黄国辉不提倡改变饮食偏好，不要求无原则的少吃，只强调饮食量不超过基础代谢率，因为超过部分对身体是有害的。

第二，快乐来自自我预期。减肥过程中不断实现了既定目标，还时常获得意外惊喜，啤酒肚没了，马甲线有了……连心肌病也不治而愈。

第三，快乐来自"利他"思维。黄国辉在减肥"最后一公斤"瓶颈期，确立了一个信念：先自己减肥成功，才能帮助更多的人，我要为帮助中国四亿胖子而减肥。有了如此高远的追求，黄国辉发现减肥过程中所有困难、挫折都不足为虑。

（二）数学才是万能钥匙

马克思说，一种科学只有成功运用数学时，才算达到了真正完善的地步。减肥也不例外，减肥失败往往是因为不知道用多长时间减去多少重量才合适，而数学模型可以告诉你，而且能够给出最佳减肥路径，设定每周目标。一旦偏离目标轨道，只要退回到当前体重在目标轨道上对应位置，重新开始即可。即便再次偏离，还可以继续退回到相应位置，再次重新开始，直到最后成功。

坚持不一定成功，因为坚持错误方法，越坚持离成功越远；但如果你认定这是正确方法，就必须坚持到底，这样的坚持一定会走向成功。

第五节　放下手机"相约图书馆"

"相约在图书馆里并肩而坐，直到所有的灯都熄灭了也不停留。心中回味墨香阵阵，口中清唱诗词一首，走到万旗广场尽头，坐在宿舍楼的门口。"曾经，一首《成都》风靡大街小巷，而今同学们传唱着一首自己填词的、由《成都》改编的《相约图书馆》。

一、蔓延的手机依赖症

科技飞速发展的"互联网+"时代,智能手机的出现无疑给人们带来了巨大的便利,同时也催生出无处不在的"低头族",公交上、马路边、餐厅里,他们低着头,眼里只有手中那小小的屏幕,无所谓长时间低头对颈椎造成的危害,更无惧埋头前进的安全隐患。

手机依赖症还带来了阅读的低劣化,低头族们时常捧着手机迅速浏览来自抖音、微博、朋友圈的快节奏的阅读内容,专注力严重下降。

手机依赖症在大学校园里同样比比皆是。大学生的课余时间如何分配?直播、看剧、购物、聊天、打游戏、看小说、刷微博……手机几乎成为他们的一个器官。无论图书馆还是课堂上,"机不离手"都是真实写照,无心自习、上课分心,这样的学习生活状态无疑是不健康的。

二、放下手机走进图书馆

"低头族"的数量与日俱增,"手机依赖症"不断影响着当代大学生的日常生活,为了鼓励同学们重新拿起书本,培养良好的阅读习惯,"相约图书馆"社团应运而生。

"相约图书馆"社团倡导"放下手机,走进图书馆",呼吁生活在互联网+时代的大学生摆脱"网络成瘾"的束缚,走进图书馆,拿起书本,阅读经典书籍,每天给自己一段静心学习和思考的时间，提高人文素质，积淀人文底蕴，促进科学精神与人文精神相结合。

（一）与手机分手 21 天

与手机分手 21 天是相约图书馆社团的品牌活动。社团倡导"21 天养成一个好习惯"理念，引导活动参与者摆脱手机依赖，提高自制力，养成良好学习习惯，把大学生活的美好时光投入到有意义的事情中去。

活动采取签到打卡的方式，参与者每天到图书馆签到，将手机封存后自主学习，离开图书馆时签退，领取手机。在与手机分手的 21 天里，同学们从最初的不适应、焦虑状态，到后来慢慢适应了没有手机的生活，摆脱手机的"绑架"，静下心来学习、思考。参加活动的同学各有收获和感悟。

"与手机分手 21 天"活动现已滚动进行七期，每一期均为 21 天，参与者共计 305 名，累计"与手机分手"912695 分钟。活动中每位参与者每天的人均阅读时间均达到 2 小时以上，养成了良好的阅读习惯。活动不只是简单地在图书馆学习，为了激发同学们的阅读热情，引导他们更好地进行自主学习，每一期活动都会有一些不同的特色项目，如进行优质读书笔记评选、举办读书分享会、为同学荐书等，将阅读变得有趣，从而达到"趣味阅读"的效果。

表 10-2　与手机分手 21 天活动签到时长统计表（单位：分钟）

	第一期	第二期	第三期	第四期	第五期	第六期	第七期	总计
参与人数	42	37	41	42	44	47	52	305
成员签到总时长	121945	106432	120583	124864	133351	144221	161299	912695
人均每日签到时长	138.26	136.98	140.05	141.57	144.32	146.12	147.71	142.14

（二）关于读书的几个道理

无阅读，不青春。相约图书馆社团不仅有与手机分手 21 天活动，还有读书分享会、中华经典诵读、"我为您荐书"等活动。活动中，软件学院致力于让学生明白以下几个关于读书的朴素道理：

第一，累积很重要。一年上一次图书馆肯定没意思，一年上 10 次可能也没有太大意思，但一年上 50 次甚至 100 次图书馆便很有意思了。

第二，群体很重要。一个人上图书馆也许感觉没意思，10 个好朋友一起去就有点意思了；要是带动一群人（成百上千）上图书馆，那就太有意思了。

第三，场合很重要。同样是读书，在不同场合读的效果是不一样的。在图书馆可以心无旁骛，一周读一本书，甚至一周读二三本书也有可能；在其他地方会受到干扰的地方，也许半年读不完一本书。

三、从此"爱上"图书馆

相约图书馆社团最初起源于黄国辉书记发起的"爱上图书馆"活动，在活动中同学们体会到"上图书馆"的乐趣和好处，进而衍生出今天的"相约图书馆"社团，希望通过一次次的读书体验，唤醒同学们对"图书馆"的关注和热爱，逐步达到以下境界中的最高境界——

第一境界：被动，即"要我上图书馆"。很多事情都是从被动开始的，只要让学生在第一次体验中觉得新鲜，有点兴趣，目的便达到了。

第二境界：主动，即"我要上图书馆"。有了兴趣后，即便没有人要求"我"上图书馆，"我"也会自觉地想去看看。

第三境界：喜欢，即"爱·上图书馆"。由被动到主动，不知不觉越去越多；去得多了，不知不觉就喜欢了。

第四境界：热爱，即"爱上·图书馆"。热爱是更强烈的喜欢，是一种欲罢不能的情感，有情感经历的人对"喜欢"与"热爱"的区别会有更深刻的理解。对于去图书馆看书这件事，如果只是喜欢，则其结果很可能是有时间就去，没时间就不去了；但如果是热爱，则可能一天不去都有失落感。

软件学院已经安排专人（辅导员）负责，努力把这个社团做大，产生"蝴蝶效应"，让更多的青年学子"爱上图书馆",让更多的学生改变生活方式,走下网络,走出宿舍,走向运动场,走进图书馆。

第六节 睡眠不是个小问题

据某项研究报告显示,普通人中只有 36.6% 的人睡够了 7—8 小时,而睡眠时间低于 6 小时的人竟高达 30%——撇除其中 5% 有睡眠障碍或者倒夜班情况,剩下 25% 的人并没有不可抗力阻止他们按照自己想要的时间睡觉。

休息才是最好的 GPU。成立早睡先遣营,旨在让大学生正视休息,解决"睡眠拖延"问题,养成健康的生活习惯,提高健康水平和学习效率。

一、谁动了夜猫的睡眠

"熬夜"是指到深夜还不睡或一夜不睡。从内分泌的角度上说,23:00 后入睡属于熬夜。我们对学生进行的调查问卷结果显示,学生群体日常开始睡眠时间的人数分布比例最集中的是 00:00—00:59,占 48.3%;其次是 23:00—23:59,占 21.6%;第三是 01:00—01:59,占 15.9%;第四是 23:00 之前,占 8.5%。最少是 02:00 之后,占 5.7%。

由上述数据分析得出,学生睡眠时间所对应的人数呈正态分布,约 70% 以上的同学处于熬夜的状态,是名副其实的"夜猫"。

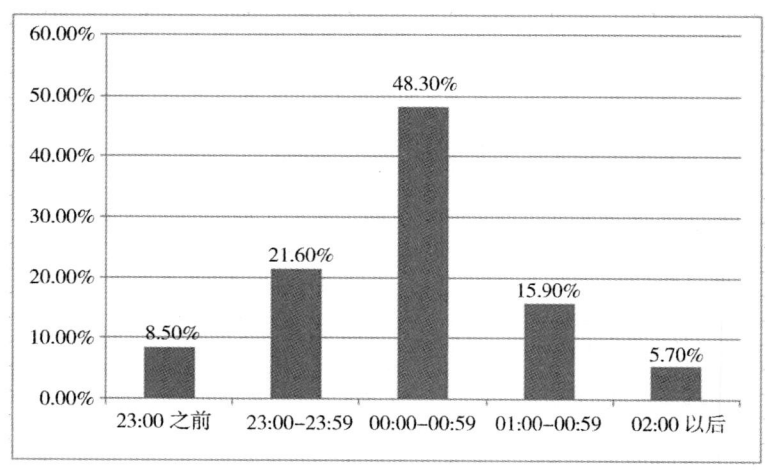

图10-2　开始睡眠时间对应人数呈正态分布

究竟是谁偷走了"夜猫"的睡眠？通过对调查统计数据和个别访谈情况的分析，软件学院把学生熬夜的原因归为四类：

第一，上进型熬夜。入睡前有很多必须要做的事情，课后作业、社团事务、实践项目等，熬夜似乎已成为学霸标配，白天睡觉，晚上打代码。

第二，娱乐型熬夜。看小说、刷抖音、打游戏，拿起手机、打开电脑便一发不可收拾，时间就这样不知不觉过去了，熬夜也就不可避免。

第三，还债型熬夜。拖延症的恶性循环，白天的事情拖到晚上做，晚上的事情拖到明天做，宁愿爆肝熬夜，也不愿早点开工，硬把自己熬成夜猫。

第四，瞎想型熬夜。入睡前喜欢想各种事情，两眼一闭，过去、现在、未来一一呈现，结果越想越焦虑，越想越睡不着。

大学是人生中至关重要的一个阶段，养成的生活习惯对一生都有重大影响。长期熬夜不仅会导致超重、肥胖、肝脏受损、肠胃功能紊乱，还会引起注意力不集中、记忆力下降，甚至增加患癌风险。大学生不仅要会学习，还要会休息。

二、按时作息是第一行动力

行动力对于团队是执行力，对于个人是自制力。按时作息也是一种行动力，而且是第一行动力——每个人都要学会休息。可能有人会说："什么？我没听错吧，休息也是行动力？休息也要学习？我天生就会休息，还用学习吗？"但实际上，正因为天生就会休息，所以"休息"才是第一行动力。遗憾的是，由于长期以来不健康的生活习惯，有不少同学已经丧失了"休息"这种与生俱来的行动力，需要重新"找"回来。例如个别同学凌晨5：00才休息、8：00才起床，不吃早餐就去上课、上课就睡觉等情况，都是丧失了"休息能力"的具体表现。

"按时作息"这种行动力不能由别的行动力派生，一旦缺失还会损害其他行动力。所以说，"按时作息"是第一行动力，而且是拥有充沛精力、健康身体的必要前提。没有了这个"第一行动力"，所有的奋斗都可能落空。

很多人之所以行动力不足，与生活环境和自身习性密切相关，改掉不健康生活的坏习惯，坚持早睡早起，是最基本、最有效的解决办法。

所谓"按时作息",一要保持良好的心态,以积极的态度面对生活,不受消极情绪影响;二要制定合理的时间规划、处事规划,在日常生活中保持各种活动与作息互不干扰;三要具备超强的自制力,在诸多导致熬夜、破坏作息平衡的因素面前不受诱惑。

三、"早睡马拉松"在行动

为进一步引导学生养成良好的生活习惯,保证充足的睡眠,保持充沛的精力,以更好的状态投入学习,软件学院"请"来了好习惯俱乐部的第五个成员——早睡先遣营。早睡先遣营以帮助广大青年学子"杜绝熬夜、坚持早睡、养精蓄锐、提升学业"为宗旨,利用宣传引导、监督劝导等多种途径推动学生加入养成早睡好习惯的"马拉松长跑"。

首先,组织"早睡大比武"活动。软件学院在各个班级召开主题班会,强化对早睡的认知,并通过早睡规划制定、早睡行动效果展示等方式评选"早睡标杆班级",使班级学生提升自律自强能力,培养早睡好习惯。18级移动互联3-2班就是软件学院的第一个"早睡标杆班级",全班每天23:00前熄灯就寝,一学期无任何同学迟到、旷课。

其次,评选"早睡先锋"。每学年度评选在坚持早睡、引领早睡方面表现突出的学生,授予他们"早睡先锋"称号,并按照坚持早睡的时间长短,颁发体商素养一、二、三等奖,在全院学生中营造"以早睡为荣"的氛围。

再次,成立"按时熄灯就寝"督察组。督察组每周日至周四晚上 22：30 准时到学生宿舍楼各楼层进行熄灯就寝的督查，每天记录督察情况，并在一定范围内通报——对按时熄灯就寝的寝室通报表扬，对不按时熄灯就寝的寝室批评教育，对不按时休息的同学予以劝导。

早睡先遣营的成立，不仅让社团成员受益匪浅，还更大范围地推动了早睡好习惯的养成。在多种方式的引导下，学生熬夜现象明显减少，按时熄灯就寝的良好效果在各个方面得以彰显，学生迟到、旷课、课堂上打瞌睡等现象明显减少，课堂学习精神状态良好，学习效率明显提升。

金色硕果篇

一分耕耘，一分收获。"标杆院系"的立项和建设方案的落实，促进了各项业务工作的全面丰收；入选教育部"双高计划"，成为国家级教学创新团队，让"标杆院系"建设如虎添翼。

第十一章

显活力——党建领航作用凸显

高校党建工作是办好中国特色社会主义大学的"压舱石"。软件学院党总支在学校党委的领导下，以习近平新时代中国特色社会主义思想为指引，高举中国特色社会主义伟大旗帜，始终坚持社会主义办学方向，紧紧围绕立德树人这一根本任务，全面贯彻党的教育方针，努力为建设中国特色高水平职业院校提供坚强的政治、思想和组织保障。软件学院党总支坚持"跟党徽学党建"的工作理念，扎实投入"党建工作标杆院系"建设，对内强化提升，对外辐射带动，深度促进党建业务融合，引领了软件学院各项事业全面发展。

第一节 辐射带动

软件学院"标杆院系"建设，得到了国家、省、市教育部门和深圳市委的高度重视和关注，相关经验通过媒体报道、参观交流、讲座分享等方式，在越来越多前来参观交流的全国高职院校中发挥了辐射带动作用。

一、视察：我在这里发现了"钻石"

2019年3月26日下午，深圳市委常委、宣传部部长李小甘围绕贯彻落实习近平总书记在学校思想政治理论课教师座谈会上重要讲话精神和高校党建、思政课建设、思想政治、意识形态责任制等工作，到学校开展调研指导。

李小甘一行首先来到软件学院，在仔细询问了"专业课程+思政教学"一体融合的授课方式，情商、智商、体商"三商"并举的创新举措后，称赞学院党的建设、教学育人相得益彰："今天我发现了一颗耀眼的'钻石'，我们有这么好的软件学院，全国1400多个高职，你是首批唯一的'标杆'，不简单。"他还鼓励软件学院："你们现在党建已经是全国标杆了，业务也要成为全国标杆。你们应该成为'双标杆'。"

二、媒体：党建领航为创新发展注入"源头活水"

2019年4月24日，深圳信息职业技术学院党委举行"全国党建标杆院系"立项媒体见面会，《光明日报》《南方日报》《深圳特区报》《深圳晚报》《深圳商报》《晶报》及深圳卫视等十余家媒体应邀到会，对软件学院立项"全国党建标杆院系"建设给予多视角报道。

报道普遍认可党建领航是软件学院新时期改革创新发展的源头活水。软件学院紧紧围绕立德树人这一根本任务，秉承校党委"春风化雨、行胜于言"的工作理念，构建了体商、科技、人文三类社团"立交桥"，并对社团实行"双指导老师制"，强化了社团政治引领。通过党建引领，以"易参与、易获得、易见效、易推广"的教育为切入点，真正解决学生成长中学习动力弱、行为习惯差、自信心不足等问题。

三、展厅：接待百所高校同行参观交流

2019年11月27日，教育部职成司司长陈子季到软件学院展厅参观，陈子季司长充分肯定学院在标杆院系、党建铸魂、示范引领、立德树人等方面取得的成绩。2019年12月5日，福建省高职名校长培养工程研修班17名校长前来参观，他们对软件学院展厅赞不绝口。截至2020年1月，软件学院展厅已经接待了百所高职院校，约500名领导、专家的参观交流。好评如潮的软件学院展厅是一个什么样的展厅呢？

伴随"标杆院系"的立项及建设，"标杆院系"对外交流逐渐增多，需要更好地展示"标杆院系"建设，为各级领导来宾提供一个展示建设成果的窗口。2019年3月，学院对办公区域走廊的展板重新规划、改造升级，这是"标杆院系"对外展示的1.0版本。2019年10月，校党委领导一锤定音：在从北门进入校园的突出位置——知行楼备用区域，划出500平方米建展厅，展示软件学院党建、业务"双标杆"建设成果，这是"标杆院系"对外展示的2.0版本。

软件学院展厅11月24日全面竣工，历时三周。工作人员、施工人员经常工作到深夜，假期也没有休息，工期由预

计 30 天缩短到 20 天，工程预算减少 30%，做到了"快、好、省"。

展厅建设体现了校党委对"标杆院系"建设的重视、关心，体现了全体深信人"变不可能为可能""讲速度、讲效率、讲品质"的工作作风。

四、项目：相关经验在部分高校分享

"标杆院系"立项以来，项目建设工作备受关注。项目负责人黄国辉书记多次应邀赴兄弟院校进行交流，分享心得体会：2019 年 6 月受邀赴常州工程职业技术学院分享"标杆院系"立项及建设经验；2019 年 7 月应邀向百色职业学院同行分享"标杆院系"党建工作的想法、做法；2019 年 12 月应邀至汕尾职业技术学院就党建工作和党建小程序的合作共建进行深度交流。

黄国辉书记结合创建"全国党建工作标杆院系"的工作，从解读"跟党徽学党建"理念入手，介绍了软件学院党建工作从"硬功夫打造软实力"到"软实力铸造硬功夫"的过程，分享了如何产生好的党建工作想法、破解党建工作的难点和化解学生的痛点的做法。应邀方对此大加赞赏，认为分享内容充实、做法新颖、案例翔实，对高校二级院系党建工作有较好的指导作用。

第二节　强化提升

在共青团工作、学生社团建设以及社会实践等方面，党建领航作用得到了充分发挥，取得了突出业绩。

一、获评"全国活力团支部"

软件学院团总支（现团委）本着"以人民为中心"思想，树立体商、情商、智商"三商"并举的育人理念，以特色社团为依托，以特色活动为抓手，着力解决学生在学习、生活、就业等方面的问题，构建了体商、科技、人文三类社团立交桥，丰富了学生第二课堂生活，使他们德智体美劳全面发展。

第一，体商工程。为培育强国一代新人夯实体质基础和思想基石，深圳信息职业技术学院于2017年开展书记项目《实施体商素养培育工程，探索新时代思想政治教育的有效途径》，以体商素养培育为小切口，实现立德树人目标，创新文化育人模式。软件学院团总支透过体商培育，以体商素养培育工程为切入点，推动师生共同参与、共同创建、共享成果，补足师生身心之钙。

学院团总支（现团委）探索实践育人的有效途径和方法，充分利用校内外资源，组织开展百公里不间断跑、大运新城万步行、论体商素养重要性主题辩论赛等活动，鼓励学生走出校园、走向社会，做到"知行合一"。

第二，情商工程。培育学生的社会意识和公民责任。情商是指人在情绪、意志、耐受挫折等方面的品质。阅读经典、人际沟通、社会实践、志愿服务等，都是培养情商的有效路径。学院团总支提出"唯艺唯美，至善至爱"育人理念，倡导"技艺走天涯，唯美著成功，至善明责任，至爱暖人心"育人文化。2012年5月，学院团总支郁金香志愿服务队成立，开展公益服务、绿色环保、心理健康、科技服务、爱心助教等进社区活动，成立至2020年1月，累计参与服务志愿者达37090人次，服务对象超332638人，义工时累计超91113小时。

学院团总支（现团委）精心组织学生暑期社会实践，利用专业知识服务社会，先后组织"献礼十八大、服务进农村"、关爱农民工子女夏令营"大手牵小手"、向西部地区辐射的粤桂滇大学生科技夏令营、深圳信息学院关爱小候鸟教育帮扶团等社会实践活动。

第三，智商工程。培养学生专业技能和创业能力。软件定义世界，智能引领未来。专业社团引领成才之路，引导学生由理论学习到实践应用，再由实践应用回归理论学习，形成科学的学习路径。学院团总支围绕"智商工程"，组织建立学生科技精品社团，引入企业资源支持，激发学生学习技术的兴趣，提升学生专业技能，培养学生创新意识和创业能力。

学院团总支（现团委）先后组织成立"创软俱乐部"、TCL俱乐部、乐创俱乐部、KAB创业俱乐部等学生科技社团，社团成员积极参与创业大赛、挑战杯大赛、创业实践项目、专业技能大赛等。近两年，软件学院学生获得各类国家级奖项25

个、省级奖项 39 个、市级奖项 100 多个。其中乐创俱乐部成员获得了广东省大学生软件设计大赛 4 连冠。

2017 年团中央学校部公布了全国高校"活力团支部"评选结果，软件学院团总支经过层层遴选，从全国参选的 1400 多个团支部中脱颖而出，获评 2017 年全国高校"活力团支部"荣誉称号。

2019 年，软件学院团总支获评广东省五四红旗团（总）支部。

二、晋级"全国高校百强创业社团"

学生社团是除日常教学之外，大学生补充课内知识、强化理论与实际联系、实现知识价值的重要平台。然而，在强调学生社团"第二课堂"作用时，人们容易陷入一种误区，即人们更多地从学生社团作为大学生知识、技能成长需要的维度来考虑，学生社团对于大学生思想政治引领的功能却考虑得不够甚至没有考虑。在大多数学生社团负责人及指导老师看来，学生团体与大学生思想政治引领似乎"不搭界"，学生社团更多标榜自我管理。

对学生社团政治引领功能考虑得不够甚至没有考虑所带来的后果是严重的。长沙高校调研所发放的 500 份调研问卷显示，虽有 55.19% 的受访者表示在社团中开展思想政治教育活动作用明显，但在"您知道所在的社团中的党员吗"问题时，回答不知道的占 41.49%，另有 37.14% 的受访者表示："知道社团中有党员，但也没有觉得他有什么不同。"

为了更好地培养又红又专的技术型学生干部，在校团委和软件学院党总支的支持与指导下，KAB 创业俱乐部的指导老师吴险峰（业务指导老师）、王永伟（政治指导老师）两位老师，发挥学生社团政治引领作用，在实际工作中实施"三新"工作法，即"政治引领、两课融合、平台育人"。

KAB 创业俱乐部依托"三新"工作法以创业社团为抓手，营造创业文化氛围，打造优秀创业项目，培养创业明星学子，积极培养大学生创新创业技能，正逐步成为深圳信息职业技术学院的创业摇篮，成绩斐然。

2018 年在中国青年报社、KAB 创业全国推广办公室联合举办的"全国高校百强创业社团"评选活动中，软件学院 KAB 创业俱乐部名列"百强"榜单，是深圳唯一入选高校，广东省仅有 4 所高校入选。

三、社会实践精彩纷呈

软件学院党总支以项目化、基地化、课程化"三化"为抓手，切实推动大学生社会实践活动。

项目化："项目化"即学院要求暑期社会实践项目须"言之有物，察之有道，行之有效"。项目应以问题为导向，从地方经济社会发展的需要出发，从一些具体的民生问题出发，开展研究，重点支持学生专业与调研成果相结合，须切实有效，满足服务对象需求。"项目化"可以说是暑期社会实践的生命线，依托项目的暑期社会实践在内容上更具生命力。

基地化："基地化"即暑期社会实践常态化基地的建设，

在此，他们重点支持"共建"型基础的建设。暑期社会实践基地的建设，有利于增强暑期社会实践的有效性，推动关注问题的持续深挖，发挥育人功能的持续发挥与"传、帮、带"。目前暑期社会实践"共建"基地正朝着大学生顶岗实习、大学生返乡就业创业、科研实践为"三位一体"的方向建立。

自2012年始，学院积极推动暑期社会实践项目与社区结对共建，深化大学生社会实践，打造具有可持续性的社会实践平台。学院先后与深圳市龙岗区南联、爱联、龙红阁、黄阁翠苑等社区，以及茂名市三角车村三角车学校、揭阳市白塔镇红坡华侨小学、梅州市五华县华城镇、蕉岭县三圳镇等省级贫困地区结对"共建"社会实践基地，以专业技术服务当地。与此同时，学院还与深圳市华谕电子科技信息有限公司、深圳市维积网络科技有限公司等多家公司合作"共建"大学生社会实践平台。以专业输出与技术学习联动，推动学生社团走出校园、服务社会，引导学生社团利用专业知识，向"共建"对象提供社会服务。

课程化：即开设相应的课程，囊括暑期社会实践项目选定、团队管理、实践报告撰写、成果提炼等方面内容，彰显暑期社会实践育人成果。目前已开设《大数据时代下的共青团工作信息化》《学生职业素质银行的创建与实施》《党建素质肖像的创建与实施》三门针对性的课程。这是在第一课堂开设的相关课程。在"第二课堂"，他们将暑期社会实践与学生综合测评成绩、团员民主评议、推优入党、推荐就业、奖学金评定等挂钩，充分调动了学生的积极性和主动性。

近三年来，学院团总支（现团委）组织开展的大学生党员暑期社会实践多次被省委教育工委立项资助，并获得多项省级、市级奖项。2017年"给小候鸟补钙"大学生党员暑期社会实践获得广东省教育工委立项，并获得最高资助。同年两项暑期社会实践成果在广东省教育厅主办的"我的中国梦"——"立志·修身·博学·报国"主题教育系列活动中荣获二等奖。2018年基于实践团队成果的《以Alkire–Foster多维贫困测度模型落实精准扶贫识别及帮扶对策研究》获2018年度广东大学生科技创新培育专项资金（"攀登计划"专项资金）立项，该项目在2019年更是获得第十五届"挑战杯"广东大学生课外学术科技作品竞赛特等奖。2019年学院立项暑期社会实践队伍数量连续三年蝉联学校首位，所有申报社会实践团队均获共青团广东省委省级重点团队立项，其中《"互联网+"时代的"志智双扶"志愿服务队》同时获得省"灯塔实践团队"与共青团中央全国重点团队立项，其中，基于实践团队成果的《广东省和平县公白镇独居老人养老保障状况调查及精准关爱》以校级评审第一获校级推荐参加2020年度广东大学生科技创新培育专项资金（"攀登计划"专项资金）评选。仅2019年，荣获暑期社会实践各类奖项荣誉就高达10余项，为其他学院树立了标杆。

第三节　党建与业务深度融合

习近平总书记指出,党建和业务工作本是"一体两面",同频共振才能互相促进。党建是业务的灵魂,离开党建搞业务,业务就会失去方向。业务是党建的基础,是培育党建的沃土,离开业务搞党建,党建就失去了支撑。

新时代呼唤新作为,软件学院党总支在实际工作中一手抓"三大工程",一手抓"双带头人",严格按照"围绕业务抓党建、抓好党建促发展"的工作思路,促使党建与业务工作共提升,取得丰硕成果。

一、"三大工程"助力党建业务融合

学院党总支围绕政治建设,认真落实党建主体责任,做到"党组织领导和运行机制"目标到位。开展领航工程、先锋工程、聚力工程"三大工程"项目,建立"党建领航中心工作"新机制,为"双高"建设凝心聚力。

第一,实施"领航工程"。提高学院领导班子科学发展的能力,优化学院运行机制,模范执行党政联席会议制度。通过党总支委员会议和党政联席会议,促进党建工作与业务工作同步谋划、同步部署、同步考核,既突出党建领航作用,又实现党建工作与业务工作的融合,已经形成"党建领航中心工作"新机制,做到教育、管理党员有力,凝聚、服务师生有力。

第二，实施"先锋工程"。引导党组织"争创党建先进"、教师党员"争做育人标兵"、学生党员"争做成才表率"。先锋工程实施以来，成效显著。

成果一：依托"珠江学者""鹏城学者"岗位，引进领域专家，组建国内领先的研究研发团队。学院成功设立软件技术、计算机信息管理2个"珠江学者"特聘教授岗位，以及软件技术、管理科学与工程2个"鹏城学者"特聘教授岗位。内培外引，瞄准软件产业大数据和人工智能新技术领域，借力软件技术专业群专兼师资和软硬平台优势，组建智能视觉团队、社会计算团队、智慧教育团队3支国内领先，有一定国际影响力的研究研发团队。

成果二：依托高水平研发团队，切合区域建设需求，打造功能多样的技术服务平台。学院依托一系列国内领先的研究研发团队包括社会计算团队、智能视觉团队、智能穿戴团队、社会计算团队、智慧教育团队，根据区域建设发展的多样化需求，打造高职院校高水平BD-AI创新研发与服务平台，为区域输出大批量、多样化的服务。已联合华为技术有限公司，开展通信技术社会培训；联合谷歌科技有限公司，开展人工智能技术社会培训；积极走进爱联、荷坳、盛平等周边社区，目前已经形成体系化、规模化的服务项目，每年完成社区公益培训10项，社会非学历教育培训3000人次，服务社会有力。

第三，实施"聚力工程"。加强党建工作与业务工作的深度融合，多点发力逐步形成"党建领航中心工作"新机制，推进体制机制常态化、长效化。创新校企合作新模式，将党建纳入校企合作范畴，建立"党建工作资源校企共建共享"机制，实现校企双方党建、业务工作双促双赢，更好发挥党建引领社会服务的功能，校企合作取得了可喜成绩。

主要成果有：与著名企业共建人才培养示范基地，辐射全国成效显著。学院于 2013 年获得谷歌首批授牌的华南区 Android 人才培养示范基地，2018 年获教育部"AI+智慧学习"共建人工智能学院和谷歌人工智能人才培养示范基地授牌。学院出台《软件学院公共服务量考核办法》，以项目化的管理方式细化了教师技术服务行企、培训服务社会、辐射带动院校的社会服务制度，并制定了量化任务量，与此同时配套了服务经费。面向 6 省 8 所高职院校开展了教学资源共享、专业建设指导、经验分享、新技术培训、国际生培养等对口支援服务，基于实践平台形成了立体化服务社会、反哺社会的示范效应。

二、"双带头人"发挥引领作用

2018 年 5 月，教育部党组出台《关于高校教师党支部书记"双带头人"培育工程的实施意见》，对培育高校教师党支部书记"双带头人"提出明确要求和具体任务。"双带头人"培育工程是高校基层党建的战略工程，具有鲜明的政治性、创新性和长期性。培育"双带头人"必须坚持问题思维和系统性思维，遵循高校基层党组织发展规律、教师职业发展规律和个人成长规律。标杆院系立项以来，软件学院"双带头人"党支部书记取得一系列标志性成果。

表 11-1 "双带头人"党支部部分成果

党支部	标志性成果	获得时间	级别	负责人
软件测试教工党支部	全省"双带头人"党支部书记工作室立项	2018	省级	何 涛
	广东省软件测试职业技能大赛一等奖	2019	省级	
	广东省高职校外实训基地通过资质认定	2019	省级	
	发明及实用新型专利 11 项	2019	国家级	
	发表 SCI 期刊收录论文 2 篇	2019	国家级	
计算机信息管理教工党支部	珠江学者岗位获批设立	2019	省级	陈宝文
	鹏城学者计划特聘教授岗位获批设立	2019	市级	
	发表 SCI 期刊收录论文 4 篇	2019	国家级	
	发明及实用新型专利 8 项	2019	国家级	
	"泰迪杯"数据分析职业技能大赛一等奖	2018	省级	
嵌入式技术与应用教工党支部	第十届蓝桥杯大赛一等奖	2019	国家级	李华忠
	"中国软件杯"二等奖	2019	国家级	
	全国大学生数学建模大赛二等奖	2019	省级	
	全国机器人锦标赛仿人机器人比赛一等奖	2019	省级	
	中国人工智能和机器人比赛一等奖	2019	省级	
软件技术教工党支部	国家级职业教育创新团队获批立项	2019	国家级	张 健
	"中国软件杯"一等奖	2019	国家级	
	广东省职业技能大赛软件测试赛项一等奖	2019	省级	
	广东省青年教师教学竞赛二等奖	2018	省级	
	广东省高职信息化教学大赛二等奖	2018	省级	

(续表)

党支部	标志性成果	获得时间	级别	负责人
移动互联应用技术教工党支部	发表SCI期刊收录论文6篇	2019	国家级	李　钦
	全国高职技能大赛移动互联赛项一等奖	2019	国家级	
	广东省高职技能大赛移动互联赛项一等奖	2018	省级	
学生党支部	广东大中专志愿者暑期文化科技卫生"三下乡"先进个人称号	2018	省级	方银萍
	广东省"五四红旗团总支"	2019	省级	
	指导学生获第十五届广东省大学生挑战杯特等奖	2019	省级	陆模兴
	立项市级课题2项	2019	市级	
	立项广东省党建课题1项	2019	省级	
	获得深圳市优秀班主任	2019	市级	
	获得校"三八红旗手"	2018	校级	张雅静

第十二章

达"双高"——教学科研全国领先

软件学院党总支在实际工作中,始终以加强党的执政能力建设、先进性和纯洁性建设为主线,以服务师生为重点。立足学院人才培养,深耕高职育人工作,促进党建工作与业务工作的深度融合,有力地促进了学院教育事业的发展。在实践中,党组织以较强的凝聚力、感召力和影响力,有效地解决了党建业务"两张皮"的问题。

近年来,在业务工作方面学院获得国家级职业教育教师教学创新团队立项,软件学院软件技术专业群入选中国特色高水平高职专业建设计划,荣膺全国教育系统先进集体,斩获国家教学成果一等奖、二等奖等荣誉。在学校党委的领导下,学院始终以高质量发展为引领,做优做强信息特色,实现了从"追赶者"到"引领者"的跨越式发展,跻身全国高职专业群"第一方阵"。

第一节 夺"双高"成就"双标杆"

2019年3月26日,市委常委、宣传部部长李小甘视察软件学院时指出:"你们现在党建已经是全国标杆了,业务也要成为全国标杆。你们应该成为'双标杆'。"

2019年12月18日,教育部、财政部正式公布了备受关注的中国特色高水平高职学校和专业建设计划(简称"双高计划")第一轮建设单位名单,深圳信息职业技术学院成功入选高水平学校建设单位(B档)。

"双高计划"是继我国普通高等教育"双一流"后,国家在职业教育领域的一次重要制度设计。此次共有197所高职学校入选"双高计划"第一轮建设单位,其中56所高职学校入选高水平学校建设单位,141所高职学校入选高水平专业群建设单位。

作为"双高计划"建设重要力量,软件学院软件技术专业群入选中国特色高水平高职专业建设计划。专业群入选与学院始终立足粤港澳大湾区经济发展需求,积极应对新一代信息技术产业升级,致力于培养云软件开发、人工智能应用、大数据技术应用、智能硬件开发的高素质复合型技术技能人才密不可分。

学院现设有契合区域产业需求的5个专业,包括国家骨干校重点和广东省一类品牌专业——软件技术专业(含软件工程),广东省重点专业和二类品牌专业——计算机信息管理专业，广东省二类品牌专业——嵌入式技术与应用专业，特色鲜明的移动互联应用技术专业和大数据技术与应用专业。

一、打造高水平 AI 产业学院

学院依托粤港澳大湾区职业教育产教联盟、国际万维网联盟（W3C）标准化组织与行业协会、国家信息中心软件评测中心，腾讯、华为、小米等世界 500 强领军企业组成教学团队形成协同创新育人共同体，聚焦"应用基础研究+技术攻关+人才培养+成果产业化"，构建"产学研用"特色生态链，通过专业人才培养、课程开发、系列教材建设、职业技能证书共同开发，打造国际水平的软件与人工智能产业学院。

第一，创新四种架构下的协同育人机制。学院把握"云智融合"新趋势，创新校企合作模式，以"动态矩阵联盟"形式开展多模态分层分类合作，有效配置校企合作资源，推进产教融合，完善四种架构下的行企办学协同育人机制。通过与行业协会及信息技术权威机构的合作，达到实施掌握产业前沿动态并基于行业标准来确立专业办学的职业规范；通过联合腾讯、华为、亚马逊、谷歌、小米等世界 500 强企业合作推进专业群改革发展和人才培养标准制定，落地新技术师资培训；通过与湾区全程深度合作企业的合作，落实人才共培共育、教学资源共建共享、实践基地共建共管、共同推进学生创新与就业、共同落地专兼师资互聘与提升，实施全方位合作；通过与普通企业实现教学资源开发、实践实训教学等各个专项的灵活合作。由此，达到有效配置校企合作资源，落实政校行企紧密协同育人，2014年立项广东省首批协同育人平台——"创新型软件人才协同育人基地"。

第二，推进了特色人才培养模式改革。学院推进以生为本、精细培养，推进"项目贯穿、分层递进、精细培养"的人才培养模式改革。通过优化资源配置，打造软件技术专业群，构建了面向软件及人工智能产业急需的10个专业方向、19个完全学分制活模块的职业化课程体系，推行学生自选专业方向及课程模块组，实现分类精细培养，满足不同层次学生面向就业或自主创业的个性化成才培养需求。2018年学院获得国家级教学成果二等奖。

第三，落地了高素质软件工匠培养。学院通过落地教育部首批1+X证书试点、教育部学徒制试点，进一步践行了精细化、个性化、层次化的培养，达成了专业方向设置与高端产业需求、课程内容与职业标准、教学过程与软件生产过程、核心技能与软件开发关键岗位的"四精准"对接。通过重构"理论课程引项目、实训课程练项目、综合实践做项目、顶岗实习接项目、评价成效鉴项目"的实践教学体系，落地了"项目贯穿、分层递进、精细培养"的独创性人才培养模式，培养了一批契合湾区经济发展的德技兼修、高素质创新型软件工匠。

二、建设一流教学资源条件

第一，携手行企建设了一流校内外实践教学基地。学院吸引企业以捐赠设备、教学资源、资金、技术等合作方式参与基地建设，共建华为云人才培养示范基地、深信小米学院、腾讯云人才培养示范基地、教育部—亚马逊云创学院、谷歌Android人才培养示范基地、ARM人才培养基地等6个校内实训基地；携手腾讯、华为、亚马逊、商汤科技等，建成校外软件技术实训基地群，含省级实训基地12个，市级29个。已建成集实践教学、科技创新、创业孵化、联合攻关、成果转化、社会服务等功能于一体的校内外高水平实践教学示范基地群，实现高水平实践教学项目在人才培养应用中的全覆盖，为实践教学和在校生取得职业技能等级证书提供有力支撑。

第二，校企合作开发了一批高水平教学资源。学院以软件与人工智能产业学院为载体，立项了计算机信息管理国家级教学资源库、AI+大数据校级教学资源库，开发了拥有自主知识产权项目库（包含100余个实践项目）。学院牵头制定了教育部专业教学标准3项、承担制定了国际教学实训标准2项，打造了一批国家精品课程、省精品课程、校级精品课程，现建有国家精品资源共享课程3门、省级29门，校级83门，出版国家"十二五"规划教材11部。学院携手腾讯、华为、亚马逊、谷歌、小米等世界500强企业开发了《机器学习应用》《深度学习框架应用开发》等新技术教学资源17项，出版《机器学习应用实践》等新形态教材11部。产教融合特色办学模式荣获国家级教学成果一等奖。

三、开展高水平的辐射服务

学院依托优质的办学资源和教科研成果，频繁开展面向湾区行企的技术攻关。通过师资培训与资源共享辐射全国同类院校、支援中西部院校。通过落实"一带一路"倡议，向澜湄区域输出国际化教学资源，助力中资企业技术平台推广，开展海外技术人员培训。形成了"创新服务行业，技术服务区域，义工服务社区，交流服务院校，培训服务全国，资源输出海外"的立体国际化辐射服务效应。

学院专业群及团队服务了48家行企、7个产业园区，技术攻关产生经济效益5390万元。对龙岗社区及外来工志愿者开展技术培训，累计超过3000人次。

面向全国100余所院校255名骨干教师提供了新技术培训，对口支援宁夏财职、百色职院、汕尾职院等院校。通过落实"一带一路"倡议，助力中资企业技术平台推广，开展海外技术人员培训，面向印度、马来西亚、新加坡等国家的高校师生开展了8000余人次的线上线下技术培训。依托留学生基地的建设直接培养越、柬、老、缅、泰5国留学生，目前培养五国留学生427名，招收老挝留学生60余名。

四、建设高水平实验科研平台

软件学院软件技术专业群目前拥有广东省高校工程技术开发中心1个，深圳市重点实验室1个，深圳市工程实验室2个，深圳市公共技术服务平台1个，深圳市首批教育科研专家工作室1个。依托优势专业，集团队实力，打造一支高水平的科研队伍。自技术专业群成立以来，成功申报国家级自然科学基金项目10项，省部级基金项目8项，地市级基金项目40余项，累计科研经费2800余万元。获得广东省科技进步类二等奖一项，广东省科技进步类三等奖 2 项，深圳市科技进步奖 2 项，吴文俊人工智能科技进步奖 1 项。

第二节　荣获国家级教师教学创新团队

2019 年 7 月 25 日，教育部教师工作司就"首批国家级职业教育教师教学创新团队立项建设单位"遴选结果进行了公示。根据《教育部关于印发〈全国职业院校教师教学创新团队建设方案〉的通知》（教师函〔2019〕4 号）、《教育部教师工作司关于遴选首批国家级职业教育教师教学创新团队的通知》（教师司函〔2019〕35 号）部署要求，经专家会议遴选，软件学院"人工智能技术与应用专业教学团队"被立项为首批国家级职业教育教师教学创新团队建设单位。

软件学院"人工智能技术与应用专业教学团队"面向粤港澳大湾区软件与人工智能产业发展与高技能人才需求，以立德树人为根本，德技并修、产学多维协同，推进课程思政建设、完善契约管理，打造能力一流的国际化教学创新团队、夯实基础内涵，确保教学团队可持续发展，通过联合世界 500 强企业以及国际标准化组织，共建结构科学合理的工匠之师，人才培养成效显著、教学成果丰硕、专业特色鲜明、品牌效应凸显、保障措施完善，综合实力国内领先、国际一流的高水平人工智能教学创新团队。

一、切实加强教师队伍建设

学院以"全国党建工作标杆院系"建设为引领,发挥党建领航作用,始终把加强教师队伍建设作为教育事业发展最重要的基础工作来抓。通过创新机制,外引内培,对外柔性引进行企专家、青年长江学者、珠江学者等高层次人才,基于绩效匹配任务牵引,显著提升了团队的整体实力;对内培养人才,通过传帮带的"领雁计划"实施,培育了一支在高绩效管理模式下的"精教学、强研发、善管理"的国内一流专兼师资团队。学院根据专兼教师的职业规划及特长优势,实施跨科室部门的"矩阵协同",教师队伍建设迈上新台阶。

二、打造一流专兼师资团队

"德才兼备、以德为先",学院充分发挥党建领航作用,锻造了一支思想过硬、作风优良、业务精通的教师队伍。柔性引进行企专家、青年长江学者、珠江学者等高层次人才,专业群现有专职教师66名、能工巧匠型兼职教师70名。专职教师中,博士及博士后31名、硕博士生导师5名,"双师素质"比为97.7%。"善教学、强科研、会服务"的专兼师资队伍立项了"人工智能技术与应用"国家级职业教育教师教学创新团队。团队含省"特支计划"教学名师1名、青年珠江学者1名、鹏城学者1名、南粤优秀教师1名、省高职教育专业领军人才5名、省高层次技能型兼职教师3名。

表 12-1　软件学院国家、省市级团队及人才列表

序号	团队/人才	立项单位	数量
1	国家级教学团队	教育部	2个
2	省级教学团队	广东省教育厅	2个
3	珠江学者岗位	广东省教育厅	2个
4	省职业院校名教师工作室	广东省教育厅	1个
5	省高职教育技能大师工作室	广东省教育厅	2个
6	省"特支计划"教学名师	广东省教育厅	1名
7	省高校教学名师	广东省教育厅	1名
8	南粤优秀教师	广东省教育厅、广东省人力资源和社会保障厅	1名
9	广东省高校"千百十工程"省级培养对象	广东省教育厅	1名
10	广东省高职专业领军人才培养对象	广东省教育厅	5名
11	省高层次技能型兼职教师	广东省教育厅	2名
12	珠江学者讲座教授	广东省教育厅	1名
13	青年珠江学者	广东省教育厅	1名
14	鹏城学者	深圳市教育局	3名
15	深圳市地方级领军人才	深圳市人力社会资源和社会保障局	3名
16	深圳市"孔雀计划"人才	深圳市人力社会资源和社会保障局	4名

三、产出高水平教科研成果

近五年，学院以各类国家级教科研成果，筑建了"AI+大数据"区域创新研发服务高地。依托广东省智能视觉工程技术开发中心等 4 个省市级科技平台的打造，主持国家自然科学基金 4 项，省市级纵向科研入账经费 1149 万，横向科研入账经费 830 万，发表 SCI 论文 29 篇，授权发明专利 19 项，获得广东省科学技术奖 3 项。现建有国家精品资源共享课程 3 门、国家"十二五"规划教材 11 部，牵头制定教育部专业教学标准 3 项、承担制定国际教学实训标准 2 项。

围绕人工智能与大数据技术的科创成果转化，与富士康科技集团合作成立 2025 机器视觉工程技术研究中心，与深圳独角兽企业云天励飞技术有限公司联合建立人工智能实验室，与 AI 领军企业商汤科技有限公司打造人工智能教学平台。通过立项广东省高校工程技术开发中心、深圳市重点实验室、深圳市公共技术服务平台、深圳市工程实验室，初步构建了"应用基础研究+企业技术攻关+创新人才培养+成果产业孵化"的研发服务生态高地。

表 12-2　近五年标志性教学科研平台及成果列表

序号	成果类别	成果名称	级别	数量	说明
1	教科研项目成果	主持国家自然科学基金	国家级	4 项	纵向科研入账经费达 1149 万
2		主持省部级科研项目	省级	14 项	
3		主持省部级教研项目	省级	8 项	
4		主持市厅级教科研项目	市厅级	54 项	
5		企业横向课题	/	47 项	横向科研入账经费达 830 万
6	科技平台成果	广东省高校工程技术开发中心	省级	1 个	广东省智能视觉工程技术开发中心
7		深圳市重点实验室	市厅级	1 个	深圳市可视媒体处理与传输重点实验室
8		深圳市工程实验室	市厅级	2 个	深圳智能彩色成型技术工程实验室、深圳市流媒体内容感知与播出服务工程实验室
9	学术论文成果	SCI 期刊论文	国家级	29 篇	北大中文核心期刊以上
10		核心期刊论文	国家级	68 篇	
11	知识产权转化成果	发明专利	国家级	19 项	仅含授权成果
12		实用新型专利	国家级	78 项	
13		软件著作权	国家级	106 项	

（续表）

序号	成果类别	成果名称	级别	数量	说明
14	科技获奖成果	广东省科学技术奖	省级	3项	二等奖1项、三等奖2项
15		中国仿真学会创新技术奖	省部级	1项	一等奖1项
16		深圳市科技创新奖	市厅级	2项	二等奖1项、三等奖1项

第十三章

培沃土——竞赛创新成绩斐然

当前，作为国家重点战略的粤港澳大湾区建设正如火如荼，庞大的基础设施建设急需大量的高素质创新型技能型人才。这就对湾区的高职教育提出了更高的要求，不仅是人才数量的要求，更是人才质量的要求。与普通高等院校培养学术型人才所不同的是，高职院校侧重于培养创新型技术技能型人才。

软件学院瞄准建设一流的特色国家级实训基地，凭借深圳信息职业技术学院作为粤港澳大湾区职业教育产教联盟理事长单位的优势，推进构筑高职院校、特色学院链条集群和学科集群的实验实训条件和基地，推动湾区行业、产业、学校之间的优质实训资源共享，打造校企融合生态的实训基地，稳抓实践实训育人，在培养技术技能人才的同时兼顾拔尖创新人才培养，获得了丰硕的成果。

第一节 实践创新条件日趋完善

学院以党建为引领,紧切大数据与人工智能时代发展脉搏,对接大湾区智能化发展诉求,配合大湾区打造以人工智能为核心的世界科技创新中心。通过与腾讯云、云天励飞、网易、商汤科技、富士康等湾区知名企业的全程深度协作,建立软件与人工智能产业学院实践教学基地,落实人才共培共育、教学资源共建共享、实践基地共建共管,共同推进学生创新与就业,共同落地专兼师资互聘与提升。实践教学基地包括基础技能实训室、专项技能实训室和创新素质实践中心,以"项目贯穿、分层递进"方式,精细培养学生技能及创新素质。

一、一流的第一课堂实践创新条件

学院通过任务驱动,工学结合,多管齐下,综合训练,培养学生实际技能和专业素质,拥有较为雄厚的校内实践教学环境,生均生产实训设备值达 3.12 万元、实训工位达 1.17 个/生,满足了所有专业课程均在实训室授课的需求。目前校内建设有 Java 基础实训室、Python 基础实训室、嵌入式基础实训室、数据库运维基训室、Web 开发基础实训室、APP 开发基础实训室等基础实训室。

为全面提升学生专项技能胜任力,软件学院多方协同推进云信息化教学实践,打造具软件特色的专项技能实践中心,建成了"计算机应用与软件技术"国家级实训基地及国家信息中心软件评测基地。与国际国内领军企业通力合作，建立了7个人才培养示范基地，19个专项技能实训室。

在高职层面，校外实践基地是校企融合发展的重要载体。学院充分利用我校作为粤港澳大湾区职业教育产教联盟理事长单位的特殊优势，与华为、网易等知名企业建立了深度的校企合作关系，目前学院已经建立3个省级示范性校外实践教学基地。并着力打造本学院"企中校"建设的示范性窗口，形成了具有一定规模效应和辐射能力的学徒制教学、认证培训校外实践教学基地群。

软件学院与华为公司的技术战略合作，完善云计算存储架构搭建，部署能够为大数据研发、大规模智能化信息处理、协同办公应用所需的环境。依托强大的云计算能力，建成了省级大数据应用技术虚拟仿真实训中心。

软件学院通过与亚马逊AWS平台云开发者课程体系建设，促进软件开发相关岗位以及信息管理等专业现有的实验设备资源、数据信息资源、教学科研资源的整合。完成了便捷、稳定的设备数据资源共享，为理论实践教学、大数据研发及科研社会服务提供基础性支撑。开展校企合作项目研发、教学实践、技能竞赛、社会服务、顶岗实习等活动；引入校外赛尔毕伯、清华在线、爱课程、智慧职校等目前较为流行且用户量大的信息化教学平台之一，培训教师使用信息化教学平台，推动教师将教学活动的全过程，通过移动学习平台展开，支持学生自主学习。

依托智能平台，学院建立了3个省级实训基地，打造了自主知识产权的软件项目案例库平台。以学习成果为导向,以学习情境为载体,以行动过程为指导,实施学为主教相辅的创新性信息化课程教学改革。全面推进翻转课堂、研讨式教学、启发式教学、分组合作教学等先进教学方法的应用,教师开展教学模式改革,提升学生的专项技能胜任力、可持续发展能力和岗位适应能力。

二、极具特色的第二课堂实践创新条件

为提高学生创新素质,软件学院还建设了丰富的第二课堂实践条件。软件学院创建了多个大型科技社团,包括 TCL 俱乐部、乐创俱乐部、KAB 创业俱乐部等学生科技社团,使其成为学生创新及创业的孵化器,其中 KAB 更被评为全国高校百强创业社团。各科技社团成员踊跃参加各类创新创业竞赛及高交会科技成果展览,于 2019 年共举办科技创新活动(知识讲授、创新交流等)50 多次。

围绕应用型拔尖创新人才培养,软件学院建立了创新素质实践中心。创新素质实践中心主要包括 1 个省级工程中心、2 个市级重点实验室、1 个校级实验室以及 1 个软件工程中心,并正在筹建深圳市教育大数据重点实验室及智能 IoT 研发中心。

软件工程中心包括 6 个特色教师工作室、5 个学生创新工作室、3 个创业实训室、3 个企业大师工作室以及为企业需求与任务管理子平台、企业信息资源库、企业任务资源库、政府与行业管理子平台、教师和学生信息管理子平台等,平台为产

教融合提供企业接入端，全方位共同提升学生创新素质。

企业大师工作室是以企业技能大师为主体、学院教师参与的校企合作综合学生创新素质培养平台，其职能是根据行业、企业用人需求和标准制定人才培养方案；主持以行业、企业生产标准为主导的课程建设；直接从事专业课程教学；带项目到学院，与学院教师合作为企业开发产品、攻关新技术；参与教学管理，培养青年教师等。同时，组织企业专家教师参与专业教学，培养其教学能力，优化了专业教师队伍的"双师结构"，提升了兼职教师的教育教学能力。

学院通过合作建设了广东省智能视觉工程技术开发中心、深圳市可视媒体处理与传输重点实验室、深圳智能彩色成型技术工程实验室、智能穿戴和仿生智能校级实验室，主持完成了4项国家自然科学基金项目，推动研发项目的成果转化和教学案例转化。各研究所、工程实验室引入企业在研项目中的技术难题，由高层次人才带领专业教师与企业联合进行技术攻关。通过为企业解决技术难题，形成一批智能互联科研成果，产出一系列软件与人工智能技术专业群特有的国内国际发明专利，提升专业在互联网软件科技领域的影响力，提高专业的社会认可度。为应用型拔尖创新人才培养提供完备的软硬件条件，对软件与人工智能技术专业群提高人才培养质量，适应产业转型升级大发展起到有力的促进作用。通过研究所科研项目的引入，将部分高水平学生带入，通过"师导生随"的方式，提供高水平的创新实践环境，为产教融合提供对接平台。

三、日趋完善的实践创新培育制度

软件学院全面实施双导师制,教育工匠、学业导师与企业导师并行,以腾讯云首席架构师领衔建立了企业大师工作室,学校"卓越工匠"引领学生提升创新素质,形成卓越工匠精神。实现专业教师与专业新生全覆盖,教师人人担任学业导师,学生个个拥有引导未来职业发展的为学生爱戴的学业导师;设立企业导师制度,面向企业,选聘优秀的IT技术工程师,按专业方向,结合学生科技社团、学生项目团队特点及需要,为科技社团学生项目团队提供企业导师支持。目前学院共有专任教师学业导师45人,兼职教师学业导师41人。

为更好发挥优秀学生的标杆示范作用,学院全面实施双学长制。遴选优秀、具备较高创新素质的高年级学生(学生党员优先)作为学长,学长同时兼职班主任。学长兼职班主任是班级的教育者、管理者和引导者,对班级组织、学风建设,学生的成长成才成功具有重要的作用。每一个新生班配置男女学长各一名,全面引导新生的学习与创新活动。目前学院共有学长兼职班主任34人,实现了双学长全覆盖。

学院实施"分层培养"教学改革,立足学生知识能力差异化现实,兼顾技术技能合格人才和优秀拔尖创新人才的培养,力求因材施教,打造创新课程体系,培养可持续性发展能力,引入《信息技术创新创业》《大学生创新就业能力培养与素质拓展训练》课程和《创新创客创业教育》实训,促进学生创新创业;开设信息技术前沿讲座,沟通学生和知名行企,拓宽学生视野；增设专升本课程，拓宽学生出路，畅通学生上升途径；加强人文素质课程，提升学生综合素质。

第二节　创新教育成果丰硕

在完善的实践创新条件支撑下，围绕高素质创新型技能型人才培养，发挥学生党员、社团党支部带头作用，学院学生在专兼职教师指导下收获了较为丰硕的创新成果。近五年，学生获得实用新型专利授权25项，发表各级期刊论文12篇。学院还积极组织教师及学生参加中国国际高新技术成果交易会，大力推动创新成果转化，多项创新成果获得高新技术成果交易会优秀产品奖。

表13-1　近两年软件学院参加中国国际高新技术成果交易会的项目

时间	项目名称	所属领域	创新成果孵化器
2018年度	党员素质肖像APP	智能通信与网络技术	党支部
2018年度	基于总线控制的积木小车	仿生智能与大数据	乐创俱乐部
2018年度	基于大数据分析的兴趣圈社交应用APP	仿生智能与大数据	乐创俱乐部
2018年度	智能柔性脑电穿戴设备	仿生智能与大数据	智能穿戴和仿生智能实验室

（续表）

时间	项目名称	所属领域	创新成果孵化器
2018年度	基于分布式网络爬虫的全球航班可视化系统	仿生智能与大数据	KAB俱乐部
2018年度	基于ROS系统的移动机器人科研平台	仿生智能与大数据	腾讯企业大师工作室
2018年度	全走班教务系统	网络与信息安全	KAB俱乐部
2018年度	少儿编程教育拼板模型	创新创客	腾讯企业大师工作室
2019年度	"不老春"健康云服务平台	网络与信息安全	KAB俱乐部
2019年度	基于柔性传感器的脑电信号采集设备	仿生智能与大数据	TCL俱乐部
2019年度	基于聚类分析与多传感器融合的室内人体存在及行为识别系统	仿生智能与大数据	智能穿戴和仿生智能实验室
2019年度	智能感知健身系统	网络与信息安全	智能穿戴和仿生智能实验室
2019年度	行人跟踪系统	仿生智能与大数据	深圳市可视媒体处理与传输重点实验室
2019年度	智能细胞机器人	仿生智能与大数据	乐创俱乐部

第三节　技能竞赛摘金夺银

学院坚持"以赛促学、以赛促教",以优秀学生党员为标杆,激发学生劳动创造价值的信念。围绕学生技能水平提升,把技能竞赛引入专业建设、专业群人才培养方案,探索构建校、市、省、国家、国际五级技能竞赛管理体系。大力支持高水平专业强化技术技能积累,保持技能竞赛项目持续夺冠能力;大力支持专业群多渠道参与国际技能竞赛,提升就业竞争力。构建"以赛促学"学生成长培育平台,以国家赛项为引领,面向学生,设立三级(初、中、高级)竞赛制度,建立三级竞赛试题库,定期开展面向全体低年级学生"软件技术知识普及赛";举办以提升编程熟练程度及编程知识应用技巧的"编程技能超越赛"以及面向追求创新创业类学生的"软件产品创新赛"。建设网络竞赛模拟训练系统,逐步形成稳定的校内学生竞赛等级制度,组织优秀学生参加国家、省市专业技能竞赛,打造国家级软件技术人才培养摇篮,成效显著。近年软件学院学生共在政府部门组织的技能竞赛中获得国家级一等奖 7 项,国家级二等奖 14 项,省级一(特)等奖 29 项。表 13-2 为软件学院学生近五年获得国家级(一等、二等)技能竞赛奖项:

表13-2 近五年软件学院学生获得国家级奖项

获奖级别	颁奖单位	奖项名称	获奖等级	数量
国家级	工业和信息化部人才交流中心、全国高等学校学生信息咨询与就业指导中心、中国软件行业协会等	"蓝桥杯"全国软件和信息技术专业人才大赛全国总决赛	一等奖	4项
国家级	工业和信息化部人才交流中心、全国高等学校学生信息咨询与就业指导中心、中国软件行业协会等	"蓝桥杯"全国软件和信息技术专业人才大赛全国总决赛	二等奖	6项
国家级	工业和信息化部、教育部办公厅、江苏省人民政府	"中国软件杯"大学生软件设计大赛决赛	二等奖	8项
国家级	工业和信息化部、教育部办公厅、江苏省人民政府	"中国软件杯"大学生软件设计大赛决赛	一等奖	1项
国家级	教育部、全国职业院校技能大赛组委会	全国高职技能大赛高职组"联想杯"移动互联网应用软件开发赛	一等奖	1项
国家级	教育部、全国职业院校技能大赛组委会	全国职业院校技能大赛移动互联赛项	一等奖	1项
国家级	共青团中央、教育部、人力资源社会保障部、中国科协、全国学联	"挑战杯——彩虹人生"全国职业院校创新创效创业大赛	二等奖	1项

（续表）

获奖级别	颁奖单位	奖项名称	获奖等级	数量
国家级	中国工业与应用数学学会	全国大学生数学建模竞赛	一等奖	1项
国家级	中国工业与应用数学学会	全国大学生数学建模竞赛	二等奖	1项

第十四章

出"明星"——就业创业永不谢幕

创新出英才,实干铸未来。软件学院为了建立健全毕业生就业状况反馈机制,持续开展毕业生就业状况的跟踪调查,以反馈结果推动学院人才培养改革。近年来,软件学院培养出了林中都、张华楗、温勇超、张明进等一大批创业达人、就业明星,他们展示了软件学子的傲人风采。

第一节 就业质量报告

为了了解毕业生成长轨迹、职场发展状况,软件学院坚持对每一届毕业生进行回访,形成毕业生就业质量报告。据调查数据显示,近年来学院毕业生就业率、专业对口率、平均薪酬等数据都在高位上逐年上升,毕业生就业地集中在深圳,就业稳定性有所提高,且毕业生自主创业热情高涨。

一、毕业生就业数据

据统计，近五年来软件学院毕业生就业率均达到98%以上，就业稳定性较强，毕业后一年内转岗率低于10%，且离职的毕业生中有67%表示再就业后的工作环境、薪资待遇较上一份工作有所优化。

如图14-1所示，软件学院2015—2019届毕业生专业对口率始终高于全国高职院校应届毕业生专业对口率，毕业生社会满意度均达88%以上，毕业生平均薪酬呈现明显上升趋势。

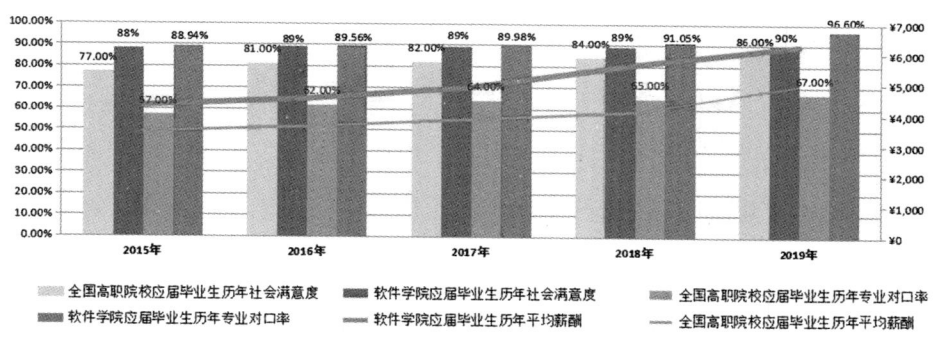

图14-1　2015—2019年学生就业数据

二、毕业生就业区域及就业单位情况

从就业区域看，学院毕业生毕业后均选择在广东省就业，主要就业城市为深圳，在深圳地区实现就业的比例占95%左右，可见学校培养的学生地缘性很强，专业设置符合地方经济区域发展的需要。学院毕业生积极服务粤港澳大湾区，学院为建设先行示范区提供了大量的人才支撑。

表 14-1　毕业生主要就业区域比例变化趋势

区域	2017 届	2018 届	2019 届
广东省内	99.5%	99.1%	99.1%
深圳市	94.7%	95.1%	95.3%

从用人单位类型来看，学院三届毕业生主要就业单位为民营企业/个体，且比例逐渐上升。同时，从用人单位规模来看，毕业生主要就业于300人以下规模的中小型用人单位。可见，在国家扶持中小企业发展的良好背景下，中小型企业、民企成为吸纳学院毕业生就业的主体。

另据不完全统计，近几年，在政府、银行和著名企业就业的软件学院毕业生近200人，包括腾讯、金溢科技、高阳金信、飞天网景、中国工商银行、深圳市易聆科信息技术有限公司（E-Link）、深圳市中标医学数据研究中心等。说明学院培育出的学生能力得到著名企业的认可。

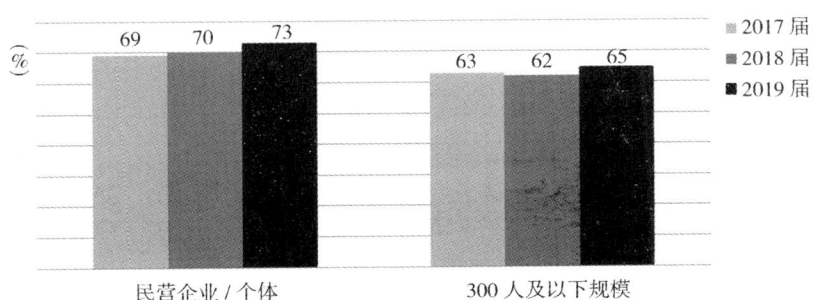

图 14-2　毕业生主要就业的用人单位类型及规模

三、毕业生创业情况

如图14-3所示,近五年来,软件学生团队进驻学校创业园数量逐年上升,在学校排名始终名列前茅,而且获省、市级创业资金资助数量亦是逐年攀升。创业学子经常回校与在校生进行交流,形成了良好的"朋辈教育"模式。

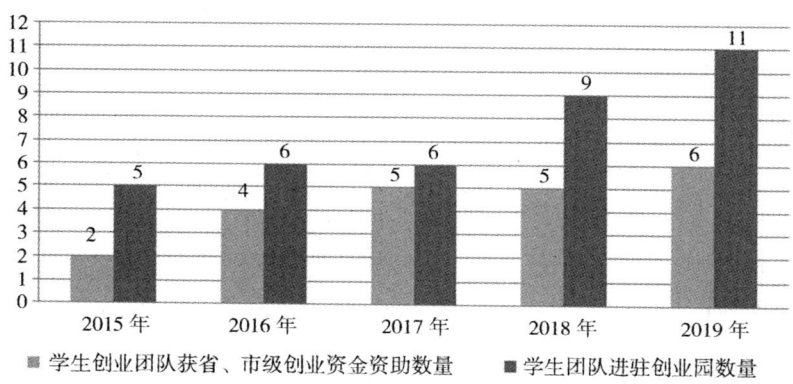

图14-3 学院学生团队创业情况

学院近三届毕业生的自主创新比例分别为4.1%、4.3%、4.5%,均高于全国骨干校、全国示范校同类数据,可见学院毕业生选择自主创业比例较高,自主创业热情高涨。

表14-2 毕业生自主创业比例变化趋势(%)

单位	2017届	2018届	2019届
软件学院	4.1	4.3	4.5
全国骨干校	3.6	3.7	3.5
全国示范校	3.7	3.8	3.6

从自主创业动机来看，绝大多数毕业生属于"机会型创业"①，尤其是"理想就是成为创业者"（36%）、"有好的创业项目"（31%）的比例较高。只有4%属于"生存型创业"。毕业生创业意愿较强，同时好的创业项目机遇也为毕业生创业提供了较好的条件。

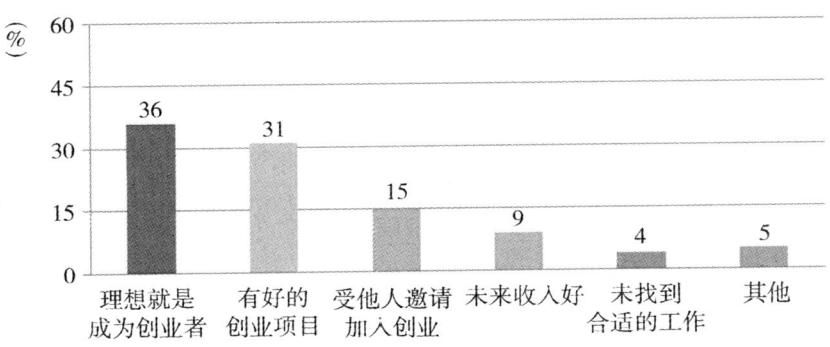

图14-4　毕业生自主创业的动机分布（合并数据）

第二节　就业明星的故事

近年来，软件学院培养出一大批就业明星，有些走进中小企业受到重用，有些被华为、腾讯、联想、中兴、富士康、高

---

① 机会型创业指的是为了抓住和充分利用市场机会而进行的创业；生存型创业指的是创业者因找不到合适的工作而进行的创业。该理论由全球创业观察（Global Entrepreneurship Monitor）2001年报告首次提出。其中，机会型创业包括：理想就是成为创业者、有好的创业项目、受他人邀请加入创业、未来收入好；生存型创业包括：未找到合适的工作。

阳科技等知名企业接纳。温勇超、张明进、蔡明鹏等同学用自己的经历，讲述着软件学子的就业故事。

温勇超：从团学主席到运营总监

温勇超，中共党员，软件学院2017届毕业生，国家励志奖学金获得者，曾担任软件学院团总支副书记、学生会主席，2016年获"挑战杯·彩虹人生"创业计划类大赛一等奖，调研报告类大赛三等奖，多次获评社会实践先进个人、优秀志愿者、优秀团干部、优秀学生干部。现担任深圳市亚马逊信息科技有限公司法人兼运营总监。

成长=算法×信息量

对"成长"，我这样理解：成长 = 算法×信息量。"算法"指的是逻辑思维架构，好比软件中算法的优劣程度，可以通过刻意练习去不断改善，第一课堂的学习是完善这一算法的主要路径。"信息量"指的是认知的深浅与边界，信息量的接收、整合、输出形成闭环的时间越短，成长越快，第二课堂的实践是强化这一维度最主要的方法。

刚入学时，除了对大学生活的无限憧憬，我也给自己定了几个小目标：一是拿到奖学金，二是当班干部，三是每年看十本课外书。这三个小目标奠定了我大学的基调，使我的大学生活格外充实。

事实证明，大学时代打下的技术基础，是我日后遇见问题时最坚强的后盾。当班干部、参加团学组织让我得到了不可替代的历练，大二通过竞选担任学院团总支副书记兼学生会主席，使我大学生活的每一天都忙碌而充实，在为学院、班级组织策划各种活动的过程中，极大地锻炼了自己的策划能力和组织协调能力。更加幸运的是，我光荣地加入了中国共产党，无论是入党前还是入党后，党组织对我的教育带来的党性提升，都给了我无穷的力量。

求职季，更是"压力季"，从学校到职场，身份的转变让很多人恐惧、不适。克服焦虑的最好方法就是提前解决问题根源。对我来说，求职更多的是对自身三年成长的检验，在校三年的历练使我更加明确职业发展方向，清晰职业定位。我早早地准备好简历，先后获得了三家公司的面试机会，三家公司都给我发了 offer。求职的同时，我也在帮助其他同学面试，帮助他们修改简历，组织集体面试，发布求职信息，让同学们能顺利找到工作。这不只是作为班长、学院团总支副书记的担当，更是一名学生党员的担当。

回想起自己的成长之路，人生的每一个阶段都需要有所"经历"，它不单单是时间维度的度过，更是每个阶段真正沉淀下来的东西，即所谓成长。

张明进：生活部部长的职场感悟

张明进，软件学院2018届毕业生，曾担任软件学院团总支学生会生活部部长、班级班长、新生班级助理辅导员，曾获学业奖学金、特殊贡献奖学金，2016年、2017年连续两年获得"挑战杯·彩虹人生"调研报告类大赛三等奖和二等奖，并获多个校级创业大赛奖项，多次获评社会实践先进个人、优秀团干部、优秀学生干部。现担任尤家科技（深圳）有限公司总经理兼运营总监。

生活部部长的三点感悟

回想大学时光，虽然很多东西都来不及经历，但作为生活部部长，我的大学生活很忙碌，也很充实。无论在校期间还是毕业后，我都时刻谨记老师的栽培，对自己有要求，对工作有追求，一路成长，一路绽放。

职场工作的两年，愈发觉得大学是人生中最重要的一块跳板，生活部部长的工作给了我太多的锻炼与感悟。生活部，顾名思义，管生活，事务繁杂，是个劳心劳力的部门，也是历届团学纳新的冷门。但我在这个岗位上却做得很有滋味，而且连任两届，直到培养出合格的新部长才毕业离任。这个学生干部职务带给我的成长领悟无比珍贵。

第一点感悟：做最有力的执行者。大学第一年，我觉得自己必须接触更多东西，看到生活中的绚烂，于是果断加入团学生活部。内敛寡言的我无法在表达上、沟通协调上闪现自己的光彩，于是就去做部门最有力的执行者。每个人身上都有闪光点，身边的人总会发现我的优点所在。展现出自身的价值和潜力，使我有机会承担更多的任务，在压力和挑战中促使自己不断蜕变、成长。老师和同学的认可给我带来成就感。

第二点感悟：要学会目标管理。班级和学院给了我一个很好的锻炼环境，在担任班长和生活部部长的同时，我还参加了校级和市级的创业比赛，在学院的组织下见识了很多技术类、服务类、科研类项目，扩充了知识，打开了格局，也遇到了后来的创业团队。两年半时间里，有任务总是身先士卒，抗住压力，提高效率。我努力做好任务分解，做到分工明确、及时跟进、做好衔接，久而久之就养成独立思考的习惯。虽然没有学过管理学，但是工作中发现当初的思考也正是目标管理中的思维导图。在学生干部经历中培养的这种思考和管理能力，为我的工作打下了很好的基础，让我在管理中游刃有余。

第三点感悟：成功=（机会+尝试）×时间。无论大学还是社会，我们都有很多机会成就自我，大学里的团学招聘、班干竞选、社团招募……职场里的一份策划案、一项运营规划、一次项目实施，都是机会。遇到看似不起眼的机会，敢于尝试是种勇气。在大学里试错成本相对较低，而在职场里试错成本较高，每一次成功的背后都有时间成本、资源成本、风险成本，每种成本都有高低区别。成功前的微妙就是可以不断叠加机会和成本，直至成功来临。所以在校期间的不断尝试与历练对于我们的职场生涯大有裨益。

蔡明鹏：学生党员的成长之路

蔡明鹏，中共党员，软件学院2018届毕业生。曾连续两年获得国家励志奖学金、一等学业奖学金；多次参加技能大赛，并获国家级一等奖一项，省级一等奖一项，省级二等奖一项；热爱钻研，在校期间获实用新型专利一项。现就职于伟龙金溢科技（深圳）有限公司，任高级软件研发工程师。

技术男的修炼：从考勤员到党员

成长的路上总会遇到很多困难，战胜了困难成长才会如期而至。成长，不正是在一个又一个"我太难了"的反复考验中实现的吗？所谓"艰难困苦，玉汝于成"，说到底，就是那些真正决定人生高度的东西，往往都是需要下苦功夫去慢慢丰富的。我的人生座右铭是"当你遇到困难时，便是在前进"，愈艰难，我就愈要迎难而上。

大学三年，我一直担任班级考勤员。一开始听说考勤员是最难当的班干部，也是同学们最讨厌的班干部。困难不可怕，可怕的是逃避困难，作为一名入党积极分子，我愿意克服这份困难。因为是考勤员，"打铁还需自身硬"，所以平时上课我都是早早到达教室，配合任课老师做好考勤工作。考勤时坚守原则，积极和同学们沟通，及时向辅导员老师汇报考勤情况。

在班里配合其他班干部处理好班级事务。

付出总有回报，担任着最容易"得罪人"的考勤员，却并没有受到大家的排斥。获评"优秀班干部"称号，顺利通过从入党积极分子到正式党员的发展程序，这是党组织、老师和同学们对我的工作的肯定。另外，担任考勤员也提高了我的沟通能力，使我养成了良好的时间观念。

我的母校非常重视学生专业技能的培养，在校期间我有幸被委以"重任"，带头组建专业技术学生创新工作室，作为工作室的学生总负责人，带领本专业的同学共同进步。在工作室工作的日子里，虽然遇到很多困难，但是有老师的细心指导，加上团队自身的努力，我们顺利完成了多个科研项目，积累了宝贵的技术经验。

毕业后，班级考勤员的身份已成为过去式，党员身份是现在进行时，这个政治身份就像一把标尺，时刻鞭策着我在专业技术道路上精益求精，在实践中不断学习、总结反思、逐步完善、有所创新。

第三节　创业达人的故事

科技创新，是深圳建设"中国特色社会主义先行示范区"的一张重要名片。深圳信息职业技术学院扎根于这片充满"创新"气息的沃土之上，深信学子无不被敢闯敢干、创新创业的"深圳精神"所感染。软件学院更是涌现出一批以林中都、张华楗、李泽彬为代表的创业达人。海阔凭鱼跃，天高任鸟飞，他们带领自己的团队在创新中迸发活力，在实干中展现才华。

林中都：从学霸到创客

林中都，软件学院2016届毕业生，国家奖学金获得者。专业学习上，在校期间获得多个国家级、省级技能竞赛一等奖。创业路上，他是2016年唯一一支入围深圳创新创业大赛总决赛的大学生队伍，获得第三名的成绩。2016年还获得中国商业模式大赛深圳赛区第一名，深圳市"逐梦杯"二等奖，创新创业企业组金奖。创业项目获得深圳市各级政府的扶持，扶持金额超百万。

瞄准需求的创业更容易成功

林中都于2015年创办了深圳华谕电子商务有限责任公司，创业事迹曾受龙岗众创TV、深圳新闻网、先锋898等多家媒体报道。其主营项目——"咕饥校园餐饮项目"飞速发展，铺开高校10余所，直营4所，流水破千万，年盈利超百万。该项目是一款结合校内和线上网络资源的在线订餐软件，目的是让学生更加便捷地实现在线订餐，享受美味。

"咕饥"专注于向用户传达一种干净、健康、方便、快捷、年轻化的饮食习惯和生活方式。公司秉承激情、创新、严谨、锐意进取的理念，以推进校园饮食数字化发展为己任，致力于为客户提供更优越的服务。

浓浓母校情，拳拳学子心。感恩母校、回馈师恩的情愫一直萦绕在林中都的心间，带着合适的岗位返校招聘，帮助学弟学妹在职场路上乘风破浪，既是校友反哺母校的重要途径，更是校友自我价值的集中体现。林中都在为母校学子创造实习机会的同时，也以企业代表身份回母校招聘，挖掘优秀人才，补充团队新鲜血液。截至目前，公司已吸纳近30名母校毕业生。

母校给我创新进取的底气和自信

从小学到高中，我都是一个偏科的人，理科较有优势，文科学习总是不得要领。经历各种大大小小的考试之后我明白，我不可能所有方面都做到很好，只能放大优势，成为某类专业的人才、脱颖而出，才能实现自我价值。

于是，我的高考志愿很明确：非深圳信息职业技术学院莫属。专业方向也很明确：嵌入技术与应用。为什么？因为通过前期查阅资料，我知道深信可以给我想学的专业知识，并且师资和资源是同类院校最好的。事实证明，三年的学习和实践，深信老师给我的指导、鼓励和支持，比我预期的要多得多。

在这里，我接受着知识的洗礼，感受着优秀人才的独特魅力，同时不断修正自我，全方面提升自我。我非常珍惜这来之不易的大学生活，用心去对待每一个人、每一件事。我热爱我的专业，热爱我的老师，热爱我的同学，更热爱这里的每一寸土地。梦想的种子就在这里开花结果。

在专业老师的指导下，我曾多次参加大学生"挑战杯"课外科技竞赛，参赛的过程让我看到了科技进步的成果，学到了专业以外的知识，并且为时代的进步贡献了自己微薄的力量。

记得有一次高中同学聚会，我向几个考上本科院校的同学分享老师带领我们参赛做项目的经历，他们眼中充满了"羡慕、妒忌、恨"。那一刻我明白，是母校给我创新进取的底气和自信，是母校的老师让我能够有机会成为一个技有所长的"创业达人"。

张华楗：从社团社长到创业者

张华楗，软件学院 2017 届毕业生，科技社团 Oracle 俱乐部主席，参与科研项目"无人机 3D 三维重建"获得 2016 年广东大学生创新创业攀登计划立项资金资助，多次获得学业奖学金，在校期间创业项目获得第四届"挑战杯·创青春"铜奖、第二届"彩虹人生"创业项目银奖，并创立了维积科技；毕业后转型创立可飞猪技术创投（已获得天使轮融资，目前已退出）、花样创意文化传媒（投资参股）、小巨蛋科技（目前主营公司）。

深信是我改变命运的地方

我是一个农村出来的孩子，步入大学前，我从没有想过创业这回事，确切地说是压根不敢想。高中成绩戏剧性地一落千丈，从名列前茅到班级垫底，高考前再次奋发，最终考入深圳信息职业技术学院。本以为高考没进入本科院校，错失了改变命运的机会。进入深信才发现，这里才是我改变命运的地方。

大一开始，为了减轻家庭经济负担，逼着自己不断利用课余时间去兼职，结识了许多期望在大城市扎根的"道友"。深圳有句名言"来了就是深圳人，来了就当志愿者"，所以只要没有兼职，我就会频繁参加学校组织的各种志愿者活动，也正是在志愿者活动中接触到了第一届创客节，深刻领会了"Maker"的精神。由此，我的创业梦（维积科技）开始生根发芽。

在参与学校举办的各种创业比赛期间，我的创业导师陈宝文老师给了我很多企业经营的相关建议。这些教诲让我坚信：只要坚持，就一定能获得成功。作为时任院长邓果丽教授带领的学习团队组长，我和队员们精诚协作，一起解决问题，一起历练成长。老师一直教育我们："活到老，学到老，学会倾听、学会共同成长"。在老师的带领下，我们爱上了阅读和运动，直到现在还保持着这两种好习惯。

"改变世界的不是技术，而是技术背后的梦想"，这句话也成了我在创业路上的信条。从学校创业园闯到大运软件小镇，我们逐渐组成了一个完整的技术团队。创业路上，我们是同事，更是志同道合的追梦人。

维积科技最初的主营业务是技术外包，我们深知这是企业的生命源泉，是当时唯一的资金保障途径，也深知这不是长久之计，技术外包离我们的梦想很远很远。所以我们不断尝试，开始做自己的项目孵化。我们做了一个货运平台"宜搬"；校内的外卖点餐+线下配送平台"夜喵子"；校内水果鲜切平台

"果然 Ai"；还有我们的自媒体平台"西瓜喵"。最终除了技术外包能保证我们团队的资金来源外，其他项目都以失败告终。

失败并不可怕，在一次次失败中，我不断摸索着创业经验。我意识到，创业过程中团队很重要，对的人才能做好对的事；坚持很重要，只要不怕错、不断试错、不断在错中突围，总能把事情做对。

2017年维积科技以技术创投的模式转型，注册可飞猪创投。我总结了一套"3×3×3方法论"：从商业模式制定3年的战略和愿景，制定产品3个月的阶段性规划，从技术上实现3周产品的快速迭代，这就能以较低成本解决商业模式的快速冷启动。

事实证明，可飞猪技术创投模式在商业上是行得通的，成立一年多一共合作入股孵化了十一个项目，并在2018年底获得了鸿翎资本领投、朗科投资跟投的数百万元融资；但由于个人的发展，以及与合伙人的商业理念出现了偏差，于2018年底退出可飞猪。如今，我们还在创业路上，不管未来有多少险阻，相信我们的下一站："小巨蛋科技"一定会带来更大的惊喜。

创业路上，我们披荆斩棘、高歌猛进，这是我青春的写照。

很幸运，当年我能来到信息学院，受到恩师的谆谆教诲、学院的大力支持。深信，是我改变命运的地方。我乘着深圳创客的浪潮，在学校提供的良好创业环境下起航，一路向前，经受了不少挫折，也从中看到了一个可期的梦想，一个让我们热血沸腾的梦想。

未来可期，创业不停；青春一路，一路青春。我将继续前进，永不停止追随梦想的脚步。

李泽彬：比赛中走出的创业路

李泽彬，软件学院2019届毕业生。在校期间担任科技社团创软俱乐部技术总监、班级学习委员，多次参加专业技术类大赛，曾获各类国家级奖项4项，省级奖项4项，市级奖项3项，校级奖项7项。目前被邀请加入深圳代理记账协会、中国针织协会、深圳LED协会，创业作品《基于图像识别的LED智能计算报价系统》曾在中国国际高新技术交易会展示，2018年创立深圳蓝峰信息科技有限公司，并担任首席执行官。

我是同学眼中的"比赛狂人"

回首大学时光，记忆最清晰的大概就是两类事，第一，忙碌于各种比赛；第二，总结各种经验，在培训中与社团成员分享。犹记得2016年入学之初，还是技术小白的我加入了科技社团创软俱乐部，在与师兄师姐的交流中，了解到学校有很多专业技术类的比赛，随后又通过学校官网、软件时光机、校园展板了解到更具体的赛事信息。我开始默默准备，期待有一天能在比赛的舞台上绽放自己的光彩。

2017年5月，我迎来了大学生涯中的第一次比赛——金点子软件设计大赛，我和几名同学迅速组队，分析目前高校需要解决的热点问题，最终选定老师们最为头疼的考勤问题，以《高效智能考勤系统》获得最高人气奖，那是我第一次在专业类大赛中崭露头角。

金点子大赛给了我很大的鼓舞。进入大二，我开始带领团队成员寻找新的项目，2018年"挑战杯"——创青春大学生创业大赛拉开帷幕，我们带着作品《基于图像识别的LED智能报价系统》一路冲进省赛。我们接触了前端、后端、数据库技术，也引入了消息队列、异步刷新、Docker部署相关技术。备赛的每分每秒都在学习和应用新的知识。依然记得"挑战杯"决赛前的某个夜晚，团队成员聚集在学思楼的一间教室里，为项目开发与文档修改而奋战，为了提神，喝咖啡的频率就像喝白开水一样。

功夫不负有心人，我们在"挑战杯"决赛中拿下省赛银奖。更难能可贵的是，评委老师给出了很多切实的建议，让我们心中萌发了创业的绿芽。此次作品在随后的国际高新技术交易会中得到进一步改进。产品的逐步完善，让我们更加坚定了创业的念头，决定收集更多的市场需求，升级开发产品2.0系统。

2018年11月8日，创业团队以《基于图像识别的LED智能报价系统》入驻学校创业园，正式创立深圳蓝峰智能信息科技有限公司。项目从落地到经营，周期很长，我和团队成员怀着强烈的紧迫感和危机意识，从公司成立之时，就开始不断地收集外包资源，积累客户人脉，一刻也不让公司空起来，争取做好最基本的运营保障。3个月后，我们承接了"小程序网络拼单商城"项目，收入5万元；紧接着又承接"中小学生网络课程在线教育平台"项目，收入5万元，此外还与普宁内衣行业集团内衣巴巴达成技术合作……收入虽不多，但稳步实施的规划鼓舞着团队的每一个成员。

  在校创业期间，我从未停止参赛的步伐，同学们都笑称我为"比赛狂人"。印象较为深刻的几次比赛获奖是参加泛珠三角广东省赛区选拔赛，以《云算》获得省赛金奖；参加中国软件杯，以数字资产凭证——区块链、《税票核验系统》获国家三等奖；参加泰克高校杯，以《云账》获一等奖。毕业前夕，我还参加了2019"挑战杯"全国大学生课外学术科技作品竞赛，以《极速云账》获得省赛一等奖，参加2019中国软件杯，以《基于ALPR图像识别技术的OCR动态与多数量车牌识别系统》获全国赛区二等奖。

  回首来时路，三年中我从来不敢有一丝一毫的松懈，不断历练自己，与团队一起成长。比赛不仅是在强化自身对产品的思维、提升技术水平，更是在搭建团队和完善产品。日后遇到商机，便可快速搭建场景模型，给出针对市场痛点的解决方案。在比赛中，我很幸运地发现了一些商机，认识了许多有资源、眼光独到的企业家，并向他们学习、跟他们合作。创业路上，我时刻都将新型互联网思维、改革开放、大众创业、万众创新铭记于心，不惧创业难关，因为我始终相信Internet的梦不会破！

主要参考文献

1. 中共中央党史和文献研究院、中央"不忘初心、牢记使命"主题教育领导小组办公室编：《习近平关于"不忘初心、牢记使命"论述摘编》，北京：党建读物出版社、中央文献出版社 2019 年版。

2. 习近平：《习近平谈治国理政（第 1 卷）》，北京：外文出版社 2018 年版。

3. 中共中央文献研究室编：《习近平关于青少年和共青团工作论述摘编》，北京：中央文献出版社 2017 年版。

4. 教育部课题组：《深入学习习近平关于教育的重要论述》，北京：人民出版社 2019 年版。

5. 马克思：《黑格尔法哲学批判》，北京：中国社会科学出版社 2009 年版。

6. 中共中央办公厅、国务院办公厅：《关于推行地方各级政府工作部门权力清单制度的指导意见》，2015 年。

7. 王京清主编：《深入推进新时代党的建设新的工程》，北京：中国社会科学出版社 2019 年版。

8. 陈潮光主编：《大学生党建工作教程》，北京：人民出版社 2009 年版。

9. 陈万柏、张耀灿主编：《思想政治教育学原理（第 2 版）》，北京：高等教育出版社 2007 年版。

10. 陈福生、方益权等：《大学生思想政治教育新论》，杭州：浙江大学出版社 2008 年版。

11. 赵艳林主编：《新时期高校党建的实践与探索：桂林理工大学纪念建党九十周年论文集》，北京：光明日报出版社 2011 年版。

12. 楼河：《华为哲学概论》，南京：江苏文艺出版社 2013 年版。

13. 张继辰：《华为卓越工作法》，深圳：海天出版社 2014 年版。

14. 易生俊：《华为工作法（第二版）》，北京：电子工业出版社 2017 年版。

15. 张雅静、陆模兴、黄国辉：《"活动思政"：完善"大思政"教育体系的必然路径》，载《深圳信息职业技术学院学报》，2019 年第 5 期。

16. 陆模兴、张雅静、黄国辉：《建立高校学生社团与"活动思政"连通机制的探究与实践》，载《深圳信息职业技术学院学报》，2019 年第 5 期。

17. 红豆粥：《不可不知的定律："一元陷阱"里的"滑坡效应"》，载《现代班组》，2018 年第 3 期。

18. 罗亚苍：《权力清单制度的理论与实践——张力、本质、局限及其克服》，载《中国行政管理》，2015 年第 6 期。

19. 黄国辉、沙苗苗、张翔：《"素质银行"：培养与提升高职大学生综合素质路径探新》，载《深圳信息职业技术学院学报》，2013 年第 4 期。

20. 刘颖、黄国辉、程建伟：《基于素质银行的高校辅导员职业能力模型创新研究》，载《学校党建与思想教育》，2014 年第 24 期。

后　记

这是一本小书，但它汇集了深圳信息职业技术学院软件学院关于"党建工作标杆院系"建设的主要成果，涵盖面较广，对如何解决党建、业务"两张皮"和党建工作"上热、中温、下冷"问题，给出了初步的回答。

这是一本小书，但它不乏一些有价值的创新探索，如"跟党徽学党建"理念、"四抓工作法""活动思政""素质银行""好习惯俱乐部"等。

这是一本小书，但它能引发党建工作者、思想政治教育工作者、学生工作者的进一步思考，起到抛砖引玉的作用。

本书由黄国辉提出框架结构、拟定编写提纲，由黄国辉、蔡铁最终修改定稿。书稿撰写的具体分工是：黄国辉撰写绪论、第十章第四节，张雅静撰写第六章和第八章第一、二、三节，陆模兴撰写第十一章、第十二章和第四章第一、三、四节，陈亚敏撰写第一章、第二章、第九章第一节，王永伟撰写第五章、第七章、第九章第四节，方银萍撰写第三章、第四章第二节、第九章第二节、第十章第三节，王艳伟撰写第十四章、第九章第三节和第十章第一、二、五、六节，花罡辰撰写第十三章，何涛撰写第八章第四节。

  书稿完成后，由本校谢春红、陈正学、王瑞春、程建伟、龚海宏、弓晓军、马国栋、王寅峰、谭旭等同志初审，由深圳市社科院巡视员陈少兵博士、深圳市委党校副校长陶卫平、广东省委教育工委组织处处长廖荣辉、深圳市委党校副教授王定毅博士等审定，他们提出了宝贵的修改意见，在此一并致谢！

  本书的出版得到学校党政领导刘锦、孙湧、张武等同志的关心、支持，标杆院系建设的每一步都凝聚着他们的悉心指导，特此表示敬意和感谢！

  初次撰写党建论著，尽管我们很努力、很勤奋，但因学识有限，加之时间仓促，书中难免有不当之处，而写作所参考、引用的资料虽力求注明出处，也难免挂一漏万，真诚地欢迎相关专家、同行和广大读者给予批评指正。

本书编写组
2020 年 1 月 31 日